ISBN 978-1-332-54528-5
PIBN 10326601

SKIZZEN AUS LITAUEN WEISSRUSSLAND UND KURLAND

VON HERMANN STRUCK
UND HERBERT EULENBERG

60 STEINZEICHNUNGEN

HERGESTELLT IN DER DRUCKEREI

Seiner Exzellenz dem Herrn

Ersten Generalquartiermeister

GENERAL DER INFANTERIE LUDENDORFF

zugeeignet

ZUR EINFÜHRUNG

Wie uns re Kameraden, alte Landsturmleute gleich uns, mitgeholfen haben, das Obs von den Bäumen und das Korn von den Feldern dieses besetzten Landes im Osten zu [illegible]ten, damit es den Unsrigen [illegible], die ein grausamer Feind dem Hungertod ausliefern m[illegible], zug [illegible], so haben auch wir beide als Künstler da und dort Ansichten und Eindrücke aus dem heute deutschen Rußland gesammelt, um der Heimat ein [illegible]ild des unter der Verwaltung von Ob.-Ost stehenden Gebietes zu geben. Denen, welche die Zeit hier [illegible]en mitverlebt haben, [illegible] es Erinnerungsblätter sein, und denen in Deutschland sollen diese Zeichnungen und die kurzen Worte zu [illegible] ein weniges aus der [illegible]eit und dem Arbeitsreich von Ob.-Ost vermitteln, das einen Raum so groß wie Bayern, [illegible]rg und Baden umspa[illegible]nt L so und [illegible]ig zusammengereiht, so wie uns beide auch der allgewaltige Krieg und sein wechselvolles Geschick kameradschaftlich zueinander gebracht hat, [illegible] Zeichnungen und Text unsern kleinen Beitrag zu der gewaltigen geistigen Eroberung der riesigen Länder, die unsere Kri[illegible]e dem weit überlegenen Feind entrissen haben. [illegible] welcher Gründlichkeit und mit [illegible] Eifer [illegible] Schrift- und Zeitungswesen eingesetzt hat, diese bisher kaum beachteten unbekannten [illegible]te und ihre [illegible]en Völkerschaften, die Litauer, Letten, Weißrussen, Polen und Ostjuden zu erforschen, und wie man unserseits sich b[illegible]müht hat, durch wechselseitigen geistigen Tauschhandel in ein ganz neues Verhältnis mi[illegible] dem besetzten Land und seinen Leuten zu [illegible], diese unermüdliche Kleinarbeit der [illegible] Verwaltung und ihrer Beamten wird die Geschichtsschreibung zu würdigen haben. Sie mag künftigen [illegible]n von der Liebe berichten, mit der [illegible], die Mars [illegible] gewürfelt [illegible], vom höchsten General bis zum einfachsten [illegible], si[illegible] bemüht haben, mit der Vergangenheit [illegible] Gebiete vertraut zu werden und ihre Bedeutung in der Zukunft Europas zu erkennen. Denn selten ist an die Erschließung eines [illegible]en Landes so viel Ernst und Kraft gesetzt worden, wie es hier im Osten geschehen ist. Uns als freudigen Angehörigen des „barbarischen Volkes“, das den von ihm Unterjochten seine eigenen Zeitungen und Schulen geschenkt und es [illegible] a [illegible] [illegible]ell vor dem Hungertod bewahrt hat, war es m[illegible] [illegible] Werk nur darum zu [illegible], a[illegible] als Künstler mit ein paar Lichtern in das fremde oböstliche [illegible]nd hineinzuleuchten, in dem wir tätig sind. Möge die kleine [illegible]e vielen eine liebe sein und der Heimat die Grüße der draußen im besetzten Rußland kämp[illegible]nden und schaffenden So[illegible] bringen [illegible] unsere Wege führen nach Deutschland.

He mann Struck. Herbert Eulenberg.

ALTE LITAUISCHE BÄUERIN

Litauen, altes heidnisches Land, mit Deinen Holzkreuzen, Deinen Volksliedern und Klagegesängen, den Dainos und Randos, die schon Herder und den jungen Goethe entzückten! Kein Volk lebt so stark seinen Toten wie Du. Geschenke gebt Ihr ihnen ins Grab mit und Waffen und Peitschen und Geld. Und Ihr deckt noch vier Wochen nach ihrem Ableben für die toten Seelen mit und werft Fleisch, Brot und Fisch unter den Tisch, und gießt Bier für sie unter die Bank, auf der Ihr sitzt. Oder Ihr setzt Euch auf die Gruft eines Gestorbenen und schluchzt und schreit ihm nach, wie diese Frau es tat, da ihr Mann tot war: „O, o warum bist Du gestorben? Hast Du nicht zu essen und zu trinken gehabt? Warum bist Du denn gestorben? Hast Du nicht ein gutes Weib gehabt? Hast Du nicht ein gutes Gehöft gehabt? Hab' ich nicht mit Dir Kornchen geschnitten? Hab' ich nicht mit Dir Heuchen geharkt? Hab' ich nicht mit Dir Haberchen gebunden? O, o warum bist Du gestorben?

O, ohuhu, mein Liebchen, mein Herzchen, jetzt hast Du all Deiner Winkelchen vergessen. Jetzt hast Du, mein Liebchen, mich allein gelassen mit meinen Kinderchen. Wo werd' ich die armen Häuptchen hinstecken? Warum kann ich nicht mit ihm in die schwarze Erde kriechen? Ich werde in der Welt nur Not leiden müssen. O, o warum bist Du gestorben?"

Blick' auf von der Erde, Mütterchen Litauen! Lass' die Toten ihre Toten begraben! Schütt'le den Staub von Dir ab! Schau' mit uns in die Zukunft, in unsere gemeinsame Zukunft!

BLICK AUF KOWNO

Wenn das Dampfboot, das von Tilsit und Schmalleningken kommt, sich Kowno nähert, heult die Sirene auf, daß das Echo von den Festungsbergen widerhallt und noch weithin im Tale der Wilja nachzittert. Langsam steigt ein Turm nach dem andern empor: Zuerst die beiden hellen Spitzen der katholischen Garnisonkirche, dann der rote runde Turm der Kathedrale und gleichzeitig der dreistöckige weiße des Rathauses mit der zierlichen Wetterfahne, die sich gleichsam in den Himmel häkelt. Wie eine echte Wasserstadt wirkt Kowno von dieser Seite fast venetianisch. Hier vom Fluß aus ist die Stadt von den Deutschen genommen worden. An der Stelle, wo heute die Hohenzollernbrücke fest verankert liegt, dort, wo einstmals der größte Teil der russischen Armee Napoleons den Njemen überschritt, haben die Pontons die ersten deutschen Soldaten nach Kowno gebracht. Und vorn an der Kante, die dem deutschen Eck in Koblenz ähnelt, weil an ihr die beiden Flüsse Memel und Wilja zusammenströmen, ist der erste Schuß der 42-Zentimeter-Mörser in die Stadt gefallen. Der erste und zugleich einzige, denn er genügte, die letzten Russen zum schleunigsten Abzug zu bewegen. „Nun wollen wir uns das Ding einmal von der Nähe betrachten!" sagten die deutschen Kanoniere, klopften ihre Pfeifen aus und ruderten nach Kowno herüber. „Du! Ob wir jetzt in die Weltgeschichte kommen?" fragte lächelnd einer den andern mit einem stolzen Siegerblick auf das schöne Bild der Stadt am Memelstrand.

LITAUISCHER HOLZFÄLLER

„Sveiks gyos, senukai! Ar dardi pypkutie?“ Das ist litauisch und heißt zu deutsch: „Gott grüß’ Euch, Alter! Schmeckt das Pfeifchen?“ Ein Bekannter von uns hatte sich diese schwierigen Worte einstudiert und redete Kagys, den Holzhacker, mit ihnen an. Aber der hörte garnicht darauf. Er machte weiter sein ernstes Gesicht und ließ sich ruhig von Struck weiterzeichnen. Ganz mucksmäuschenstill hielt er dabei, wie vor dreißig Jahren, da er sich — es war an seinem Hochzeitstage — zum letztenmal photographieren ließ. Dies ist eine Feierstunde für ihn, da er gezeichnet wird und untätig in die Sonne blinzeln darf. Drum sieht er auch so säuberlich aus. Aber Ihr solltet ihn hinterher wieder bei der Arbeit sehen! Da tropft ihm der Schweiß von der Stirne und sein Körper dampft fast wie seine Pfeife. Er steht im Dienst der Deutschen Verwaltung und hackt Holz für sie. An fünfunddreißig Kloben macht er klein an einem Vormittag. Er will sich doch nicht von den alten Landsturmleuten beschämen lassen, die auf das Holz schlagen, als hätten sie Engländer vor sich. Früher in der Russenzeit war es genügend, wenn man fünfzehn Kloben an einem Morgen klein kriegte. Aber das ist nun vorüber. „Wißt Ihr, warum die Germanski gesiegt haben?“ fragt er geheimnisvoll seine litauischen Freunde, wenn er nach Feierabend mit frisch gestopfter Pfeife unter ihnen sitzt. „Ich will es Euch sagen. Ganz einfach!“ Und er pafft den ersten schönsten Tabakzug von sich. „Weil sie doppelt so viel arbeiten wie die Russki.“

ALTE LITAUERIN IM GEBET

Nirgends in der Welt wird mehr gebetet als in Litauen. Wer nach der Arbeit oder zwischen ihr ein freies Viertelstündchen hat, der tritt in die Kirche, sinkt auf die Knie und spricht mit seinem Herrgott. Und am Sonntag hört die Kirchzeit kaum auf. Bis ein Uhr und länger dauert das Hochamt, und gleich nach drei Uhr fängt schon die neue Andacht wieder an.

Bet' nur ruhig weiter, Marijona, altes Mütterchen! Brauchst nicht vor uns Feldgrauen zu erschrecken, die wir in Deine Kirche hereintreten und unsere Augen ehrfürchtig an den bunt gemalten hölzernen Heiligenbildern vorüberstreifen lassen. Dies ist Dein Himmel auf Erden, die farbige Herrlichkeit Deiner Pfarrkirche mit der ewigen Lampe, deren Licht zu Dir herüberzittert und auch in Deiner dumpfen Seele nachleuchtet. Hier hast Du gekniet, selbst in den fürchterlichen Stunden, da die Kugeln draußen in die Kirchenmauern klatschten und dann und wann eine durch die farbigen Fenster hineinpfiff und die Luft, die voll Weihrauch und Gebeten hing, wie ein Lachen des Satans durchschnitt.

Bet' nur ruhig weiter, Marijona, altes Mütterchen! Wer will Dir Deinen Himmel rauben, der heller als Dein weißes Kopftuch über Dir schwebt! In Deiner eigenen Sprache darfst Du beten, die Dein Herrgott versteht. Wir Deutschen werden Dir Dein Gebet nicht vorschreiben und Dir keine griechische Kapelle neben Deine Kirche setzen mit einem Popen, der sich mästen darf, um Sonntags dem russischen Gendarmen und dem Amtmann und den leeren Bänken etwas vorzusingen. Wir Deutsche haben eine einzige gute Eigenschaft: Wir achten fremde Sprachen. Aber man schenkt uns keinen Dank dafür. Bet' nur ruhig weiter, Marijona, altes Mütterchen! Die Welt ist schlecht. Man muß sich durchbeten oder durchbeißen. Und selig sind die, denen beides wohl gelingt.

PARADEPLATZ IN KOWNO

Die Kirchen und Häuser um den Paradeplatz von Kowno tragen vielfach noch Spuren von Flintenkugeln und Maschinengewehrschüssen. Wie blatternarbige Menschen sehen die also Getroffenen aus. Ich muß mir bei ihrem Anblick immer die ersten unserer Soldaten vorstellen, die hier eingedrungen sind. Nicht diejenigen, die feierlich und geordnet in die eroberte Stadt einzogen. Sondern die, welche vor ihnen zuerst vordrangen. Wie Abenteurer. Das gefällte Gewehr im Arm. Schritt für Schritt. Hinter den fliehenden Russen her. Mit welchen Augen mögen sie dies alles betrachtet haben: Das von ein paar Granatsplittern verbogene Gitter um das blaue gußeiserne Kegeldenkmal, das Mauerwerk der Häuser mit den unheimlich verrammelten Fenstern und verschlossenen Türen, den glockenlosen Turm der ihrer Stimme beraubten litauischen Kirche. Knattert nicht noch ein Maschinengewehr aus dem Turmfenster, wo einst sanfte Glocken hingen? Lauert nicht der Tod hinter jener Straßenecke? Ach, daß vielleicht einer von denen, die es erlebt haben und „dabei" gewesen sind, diese Zeilen lesen und diese Zeichnung sehen möchte! „Das sind ja die Häuser, die du damals anstarrtest, das die Turmfenster, in die du hineinschossest, um dich vor Hinterlist zu schützen!" sagt er sich dann und fragt sich schaudernd: „Auf welchem fremden Stern hast du gelebt in jenen Tagen?" Und ein Glücksgefühl ohnegleichen, daß er jene hinreißende Zeit durchgemacht hat, überströmt ihn.

LITAUISCHER KNABE

Er hat lange Zeit „auf der Straße gelegen", wie man sagt. Man sieht es ihm noch an, es läßt sich nicht leugnen. Monatelang hat er sich mit seiner Schar Freunde frei wie die Spatzen in Kowno herumgetrieben. Bald auf dem Nicolajewski-Prospekt, der jetzigen Kaiser Wilhelm-Straße, wo es stets etwas zu gaffen gibt. Bald an dem Memelufer auf den Flößen oder Kähnen, die da herumliegen. Auch die Einnahme von Kowno hat er mitgemacht. Das heißt, als die deutschen Kanonen zu heftig schossen, ist er in einen Keller gekrochen, in dem schon zehn Menschen, drei Hunde und fünf Hühner waren.

Doch nun hat das Karl Maysche Indianerleben für ihn aufgehört. Die Deutsche Verwaltung hat sich auch seiner angenommen. „Liaudes mokykla Litaüische Volksschule" steht vor einem Haus, in das er nun täglich hineinspazieren muß. Anfangs war er ganz wütend darüber, richtig fuchsteufelwild, und hat mehrfach zu schwänzen versucht. Aber als er eingesehen hat, daß er dadurch das Versäumte doppelt nachholen muß und sich zudem noch vor den Fleißigeren blamiert, hat er sich auf seine Hosen gesetzt. Er kann jetzt schon besser lesen und schreiben als sein Vater, der ihn voll Stolz wie einen Gelehrten anschaut, wenn er ihm die „Dabartis" so geläufig vorbuchstabiert wie der Pfarrer. Und seine Mutter träumt zuweilen davon, daß ihr Sohn vielleicht selber einmal Geistlicher werden könnte.

NAPOLEONSHÜGEL AN DER MEMEL

Man denkt an die sächsische Schweiz, wenn man auf der Memel fährt oder auch an manchen Stellen, wo die Ufer besonders hoch und bewaldet sind und das Dach eines Herrenhauses oder der zinnengekrönte Turm eines Schlosses herunterwinken, an den Rhein und die Mosel. Schiffe mit den Radkästen hinten am Bug rauschen wellenaufschaufelnd vorüber. Noch kennzeichnender für den Strom sind die vielen Flöße, die kaum hörbar mit der Strömung bergab treiben. Fast auf jedem brennt ein Feuer, dessen rotes Licht mit der Abenddämmerung leuchtender wird. Aus den Borken- oder Weidenhütten, die man zum Schlafen oder zum Schutz gegen den Regen auf die schwimmenden Hölzer gebaut hat, kriechen zuweilen Menschen hervor, die mit der Flußlandschaft verwachsen zu sein scheinen. Zahlreiche Holzsägereien an den Ufern vollführen gemächlich ihre Arbeit. Pferde weiden auf den Flußwiesen und rote und braune Kühe, die sich im Sommer gern bis an den Bauch in das gelbe Wasser der Memel stellen. Schwalben, die in kleinen Löchern an den sandigen Böschungen nisten, flitzen lautlos das Ufer entlang. Und das einzige Geräusch, das man außer den Sägen zuweilen vernimmt, kommt von den Wäscherinnen, die ihre Wäsche auf den Flußsteinen mit Waschhölzern klatschen und klopfen und dazu singen:

Weibchen, nimm den runden Taler,
Kauf Dir feine Seife!
Frisch und blühend sollst Du sein
Wie dereinst beim Mütterlein.

Ach, bei meiner lieben Mutter
Blüht ich wie die Rose,
Seit ich bei Dir Schmutzfink bin,
Welk' ich wie die Minze hin.

BIRUTE

Gib mir die Hand, liebe kleine Birute! So ist es recht. Und nun schau' mich an! Sieh' einer, das magst Du nicht. Und schon hast Du mir Deine Hand wieder fortgezogen! Und wenn ich über Dein glattes blondes Haar streichen will, so runzelst Du die Stirn und schüttelst Dich wie ein junges Füllen, das die Bremsen ärgern, sprödes litauisches Mädchen! Sag' mir eine alte Sage Deines Volkes! Das kannst Du nicht? So sing' mir ein Volksliedchen, ein litauisches, ein wehmütiges! Das willst Du nicht?

Weißt Du, daß Deine Vorfahren Heiden waren, schlimme hartnäckige Heiden, bis unsere preußischen Ritter sie mit dem Schwert erst zur Taufe bekehrten! Das glaubst Du nicht? Weil Du morgens, mittags und abends das Kreuz über Dich schlägst, glaubst Du das nicht, und siehst böse zur Seite! Aber es ist so gewesen, sag' ich Dir, Du brauchst keine Schüppe zu machen. Sie haben einstmals aufeinander losgehauen, wie die Teufel, die Preußen und die Litauer. An der Weichsel und hier an der Memel. Aber hernach sind sie gut Freund miteinander geworden. So gut, daß in Ragnit beispielsweise, wo es zwei getrennte Kirchhöfe für die deutsche und die litauische Gemeinde gibt, die Leichen derjenigen Leute, die sich im Leben gut gekannt haben, noch oft des Nachts zusammenkommen, wenn es stürmisches Wetter ist. Aber Du hörst ja nicht mehr zu, kleine Birute! Du bist längst fortgelaufen. Aber unser Struck hat Dich hier festgehalten. Da! Schau' her! Kssss — !

LITAUISCHES ZEITUNGSMÄDCHEN

„Kownoer Zeitung! Kownoer Zeitung! Von haite!“ Allabendlich, kurz nach 4 Uhr, hallt es wie der Pulsschlag der Zeit so durch die Straßen von Kowno. Aus den kräftigen Kehlen der kleinen Zeitungsverkäufer und -Verkäuferinnen. Kläglich wie Eselgeschrei hört es sich an, wenn sie ihre papierne Ware ausrufen. Unermüdlich wiederholen sie ihren Lockschrei, bis sie der Abend und die strenge Polizei von der Straße treiben. Man reißt ihnen das Blatt aus der Hand und überfliegt den Bericht: „Westlicher Kriegsschauplatz. Erbitterte Kämpfe. . . . . Oestlicher Kriegsschauplatz: Heeresgruppe des Generalfeldmarschalls von Hindenburg . . . . Armee des Generals von Linsingen . . . . Balkan-Kriegsschauplatz: Nichts Neues.“ Nun durchliest man es noch einmal genauer und merkt sich einzelne Tatsachen und Zahlen. Bis morgen wenigstens. Bis ein neuer Bericht den heutigen bei Seite drängt wie die Lebenden die Toten.

Das kleine Mädchen, das die Zeitung nicht lesen und verstehen kann, starrt den Käufer, der gierig die Buchstaben verschlingt, befremdet an. Sie hat nur ein einziges Interesse an dem Handel mit den Weltbegebenheiten. „Fünf Pfennig!“ murmelt sie zwischen ihren aufgeworfenen Lippen und wischt mit der leeren linken Hand ungeduldig unter ihren breiten Naslöchern her.

Der Leser fährt verwirrt von den gedruckten Ereignissen auf. „Ach so! Richtig! Hier hast Du einen Groschen, kleine Polin! Darfst den Rest behalten, weil heut' solch' schöne Sachen im Bericht stehen.“ Sie läuft erfreut zu ihren kleinen Kollegen, die hin und wieder an den Straßenecken eine Versammlung und Besprechung über die heutigen Einnahmen abhalten. Draußen im Felde fallen tausende blühende Menschenleben. „Kownoer Zeitung von haite!“ hallt es weiter.

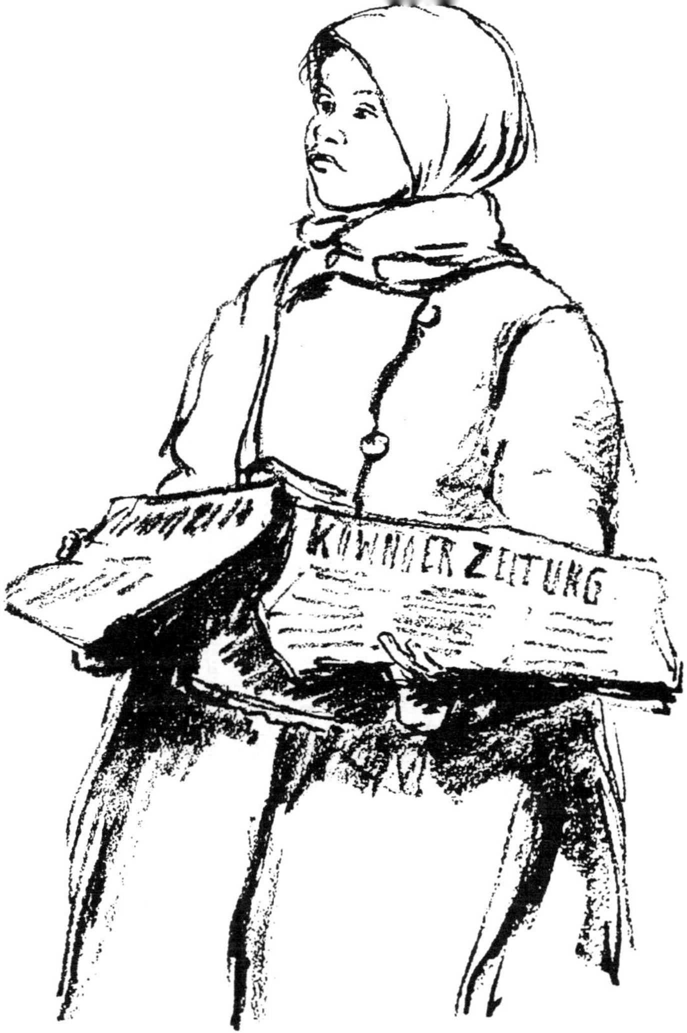
ZEITUNG

EIN MUSEUMSDIREKTOR

„Tadas Daugirdas, Taddäus von Dowgird", wie der litauische Name polonisiert lautet, also steht auf einer Visitenkarte, die an der Tür hängt, die zum Museum in Kowno führt. Man klopft an und der Mensch, den diese Zeichnung konterfeit, schaut uns an. In etwas legerer Kleidung, und ohne sich mit einem steifen Kragen zu belasten, der einem, wie den Frauen ihr Korsett, fortwährend die Lust am Leben wegschnürt, sitzt er da, der Direktor des Museums. Mit dem Anstand, den er hat, und mit einem Blick voll jener Menschlichkeit, die, wie Schiller in der „Freude", die ganze Welt umspannt. Er schlägt ganz langsam seine Augen von unten auf und blickt einen gutmütig prüfend an: „Bruderherz, was für ein Kerl magst Du wieder sein." Ich entsinne mich noch gut meines ersten Besuchs bei ihm. An einem Märznachmittag, der so löschpapierengrau war, daß selbst unverbesserliche Optimisten an dem Wert des Daseins irre werden konnten. Da, als ich diesen Mann sah in seiner kleinen zusammengesammelten Welt, von der jedes Stück zu künden schien: „Am farbigen Abglanz haben wir das Leben", da fühlt' ich mich auf der Stelle wieder wie zu Hause. Sein Museum bekommt jetzt oft Besuch. Viel häufiger als in der Russenzeit. Gleich nach der Einnahme Kownos, wie er gern erzählt, meldeten sich schon feldgraue Barbaren, um seine Sammlung zu betrachten. Kein Bild, kein Band ist aus ihr abhanden gekommen. Und er präsidiert weiter seinen Gemälden, Steinen, Ausgrabungen, Waffen, Büchern und Raritäten wie eine Figur von Dickens oder Balzac. Abwechselnd greift er zum Pinsel, abwechselnd zur Feder, um den Altertumsforschern über Litauen eins auszuwischen. „Die Maler sagen, ich sei ein vortrefflicher Archäologe und die Archäologen erklären mich für einen ausgezeichneten Maler!" So berichtet er, der ein unterhaltender Anekdotenerzähler ist, lächelnd von sich selbst, schaut dabei überlegen seinem Tabaksqualm nach und fühlt sich in dem Himmel auf Erden heimisch, in dem Don Quixote, E. T. A. Hoffmann, Hans von Bülow und andere erlauchte Geister ihren Atem zogen.

DER SCHÖNSTE PUNKT VON KOWNO

Der schönste Punkt von Kowno, der Zusammenfluß der holden Wilja mit dem Memelstrom. Wie ein ausgelassenes Mädchen eilt die Wilja, Litauens lieblichstes Kind, dem mächtigen breiten Freier zu. In feierlicher Muße vereinigen sich die Beiden im Angesicht von Kowno und Wiliampol. Als stumme Gäste und Zuschauer wohnen die zwei Städte der Hochzeit der beiden Flüsse bei, die vereinigt in schimmernden Windungen dem Norden zuströmen und sich scheu zwischen Bergen und Wäldern vor dem Blick der Nachschauenden verstecken. Man kann das Gleichnis noch weiter spinnen: Das Hämmern und Pochen unserer Pioniere, die an der Holzbrücke über die Wilja arbeiten, klingt fast wie der Lärm des Polterabends vor der Vereinigung des Flußpaares in unser Ohr. Hier an dieser Stelle, wo sich vielleicht dereinst ein gewaltiger Denkstein zur Erinnerung an die Einnahme von Kowno durch die deutschen Truppen erheben wird, hat Mickiewicz sein anmutigstes Volkslied gedichtet: Das Lied von der Wilja und von der Litauerin, die dem Fremdling, dem Deutschen, voll Liebe wie die Wilja dem Njemen dort zum Opfer fällt. Es möge hier folgen, weil es wieder zeitgemäß geworden ist, und weil seine Verse auch in der deutschen Uebersetzung noch so schön wie die Wellen der beiden Flüsse zusammenklingen:

Die Wilja strömt in Kownos holdem Grunde,
Narzissen blüh'n und Tulpen dort im Bunde.
Litauens Mägdlein wie die Blumen glühte,
Zu ihren Füßen lag der Männer Blüte.

Die Wilja nicht nach Kownos Blumen schmachtet,
Nur mit dem Njemen sucht sie Liebesbande.
Litauens Mägdlein nicht die Ihren achtet,
Sie liebt den Jüngling nur aus fremdem Lande.

Die Wilja faßt der Njemen starken Armes,
Durch Klippen trägt er sie und wilde Leere,
Preßt an die kalte Brust sein Lieb, sein warmes,
Und — stirbt, mit ihm vereint im tiefen Meere.

So hat der Fremdling auch Dein Herz entzogen,
Litauerin, der Heimat Deiner Lieben:
Auch Du versinkst in des Vergessens Wogen,
Nur traur'ger noch, da Du — allein geblieben.

Zu warnen Herz und Strom, wem mag's gelingen!
Mägdlein wird — lieben, und die Wilja — fließen
Die Wilja wird des Njemen Flut verschlingen,
Das Mägdlein einsam Tränen viel vergießen.

MANJA

Dzien dobry, Manja!
Dzien dobry, pan!
Wie geht es Dir, Manja?
Dobrze!
Willst Du mir eine Tasse Tee geben?
Dobrze!
Möchtest Du gerne deutsch werden?
Dobrze!
Willst Du mit mir nach Berlin kommen?
Dobrze!
Aber Du mußt erst deutsch sprechen lernen.
Dobrze! Will ich!
Oder ich polnisch.
Dobrze, pan!
Dobrze!

Wie manches Mal hat man in einer Teestube einer solchen oder ähnlichen Unterredung zwischen einem Feldgrauen und einem polnischen Mädchen zugehört, wie es hier vor uns sitzt: Mit untereinander geschlagenen Armen wie bei ihren Tänzen. Herausfordernd und abweisend zugleich. Mit dem Nationalstolz der Polen und mit dem leisen Respekt vor den deutschen Siegern, den sie niemals aussprechen, der uns nur zuweilen aus ihren Augen anschaut. Nur zuweilen!

KIRCHENRUINE BEI KRASSNY DWOR

Dies war eine Kirche. Oben auf den Hügeln über dem lieblichen grünen Tal der Niewjaska, des kleinen Njemen, der flink und schmal wie die Ilm das Land durcheilt, stand sie und grüßte mit ihrer zarten Glockenstimme den jungen rosigten Tag und die herniedersteigende braune Nacht. „Droben stehet die Kapelle, schauet still ins Tal hinab.“ Allsonntäglich kam die Gutsherrschaft von dem nahen Schloß Krassny Dwor, um sich im Gebet mit ihren Bauern zu vereinigen.

Nun ist der Engel der Vernichtung vorübergezogen und hat aus dem friedlichen Kirchlein einen wüsten Trümmerhaufen gemacht. In dem weißen Bauschutt entdeckt der darüber Kletternde noch Reste von dem zierlichen Stuckfries, der sich im Innern um das Schiff der Kirche schlang. Das Türmchen, das heruntergeschossen wurde, liegt zerschmettert wie das Haupt des Goliath auf der steinernen Leiche. Verrostete Drähte, die wie Spinnennetze an ihm hängen, verraten noch, warum die Kapelle als Beobachtungsstation dem Feuer der Artillerie zum Opfer fallen mußte. Das Strahlenkreuz auf der Spitze selbst ist noch unversehrt und funkelt im Sonnenglanz wie der Geist der Liebe über dem wüsten Durcheinander. Ein altes Mütterchen sammelt aus dem zersplitterten Gebälk, das wie zerbrochene Knochen aus dem Schutthaufen ragt, Brennholz für ihren Ofen und wärmt sich mit den Überbleibseln der Beichtstühle, an denen sie einst gekniet hat. Die Gräber des Friedhofes, die im Grase rings um die Kirche verstreut liegen, schauen dem allem mit toten Augen zu.

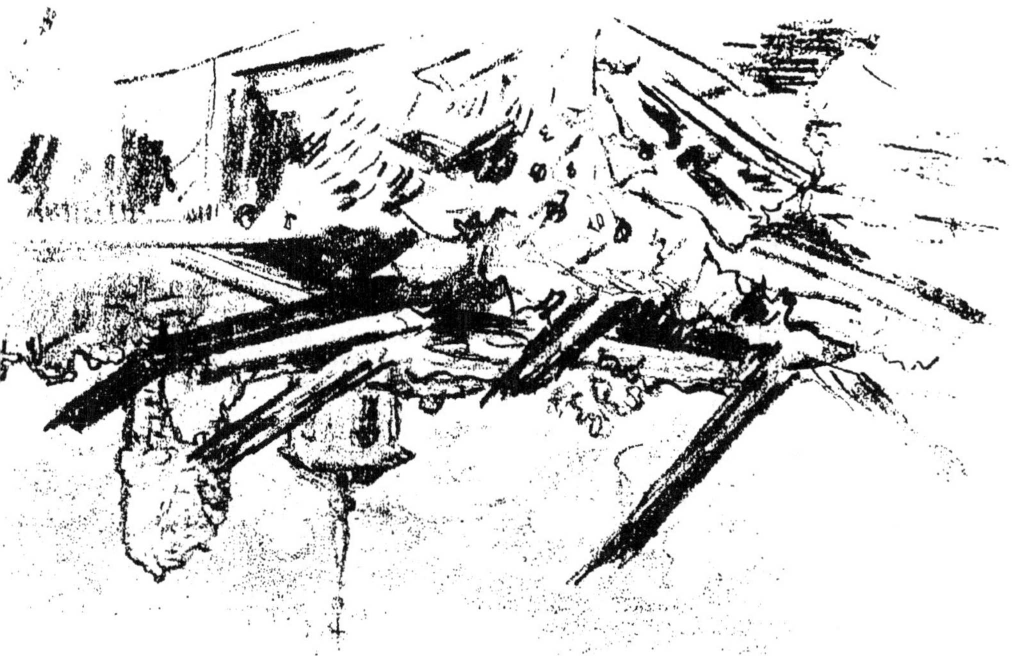

KLOSTER POSHAISSTZJE

In Tannenwäldern vergraben liegt es über dem Knie der Memel oberhalb von Kowno. Auf einer Anhöhe, die seit altersher „Mons pacis“, der Berg des Friedens, benannt wurde. Ein mächtiger barocker Dom mit zwei roten Türmen und einer grünen Kuppel krönt die Spitze. Ein frommer litauischer Großer aus einem alten Adelsgeschlecht hat ihn erbaut. Christopher Sigismund Paz hieß er im Leben und im Tode. Näher betrachtet muß man sagen, daß seine Frömmigkeit freilich im Volke stark angezweifelt wurde. Man erzählte sich, daß er im Kloster mit den Nonnen getanzt und auch gern dem Becher zugesprochen hätte. Jederzeit, und ohne die leiseste Rücksicht auf die Fasten zu nehmen. Rings um den Dom und in seinem Schatten hausten, wie die Küchlein unter die Klucke geduckt, die Mönche des Camaldulenser Ordens, die sich auf Veranlassung von Paz, der bei einem Aufenthalt in Perugia Bekanntschaft mit diesem Orden geschlossen hatte, hier ansiedelten. In niedrigen, weißgetünchten Zellen, die nur das Kruzifix schmückte, waren die frommen Brüder mit Beten uud Bußübungen Tag und Nacht beschäftigt. Und wenn sie einander auf ihren Gängen im Klostergarten begegneten, flüsterten sie sich, mit scheuen Blicken an einander vorbeisehend, ernst „Memento mori!“ zu, die beiden einzigen Worte, mit denen sie das Schweigegelübde, das sie band, durchbrechen durften.

Nach dem großen polnischen Aufstand von 1830 wurde das alte katholische Kloster von den Russen rücksichtslos der orthodoxen Kirche übergeben, die den Altarraum des Domes, den eine schwere schöne Stuckdecke und rötliche, schwarz gesprenkelte Marmorsäulen zierten, mit dem Ikonostas, der Bilderwand, durchzogen und von dem früheren Schmuck nur das in hoher Verehrung beim Volke stehende Marienbild an seinem Platze ließen. Die katholischen Mönche wanderten von dannen und russische Popen machten sich in ihren heiligen Zellen und im Dome breit. Vergebens runzelte der alte Paz auf seinem Bildnis im Refektorium die schwarzen Brauen über diese Vergewaltigung seiner Stiftung und blickte wütend und fragend seine ihm gegenüber liegende schöne Gemahlin, eine französische Gräfin de Mailli, an: „Was sagst Du zu dieser Frechheit, Isabella?“ Die orthodoxen Priester sangen unbekümmert ihre Litanei in seiner Kirche weiter und schritten achtlos über sein Grab hinweg, das Altertumsfreunde unter unsern Soldaten, die einen Sommer lang in dem verlassenen Kloster lagen, unter den Steinfliesen zur Rechten des Eingangs in die Kirche entdeckt haben. Dort ruht die Leiche des Begründers des Klosters, seiner eigenen Anordnung gemäß, damit sein Staub von jedem Besucher der Kirche mit Füßen getreten werde. Zum Zeichen der Reumütigkeit des hohen Herrn soll einst die jetzt abgetretene Inschrift in den Grabstein gemeißelt gewesen sein, die über jeder menschlichen Gruft stehen könnte: „Hic iacet peccator!“ Hier liegt ein Sünder!

LITAUISCHER FRIEDHOF

Nirgends in der Welt, außer vielleicht noch in Tirol, sieht man so viele Kreuze wie in Litauen. Es ist, als müßten die Kreuze sich hier, wo das Christentum verhältnismäßig am spätesten im Abendlande eingezogen ist, noch besonders hervortun. Gleich hohen Masten stehen sie einzeln an der Dorfstraße, an Feldrainen und Kreuzwegen. Zusammengeschart findet man sie auf den Friedhöfen Litauens, wo sie aus den Gräbern aufwachsen wie große düstere Lilien. Oft sind die Arme des Kreuzes mit zackigem Schnitzwerk verziert, das blau, rot oder grün bemalt ist, und leuchtet wie ein bunter Bauernblumenstrauß. In der Mitte an dem Kreuzpunkt der beiden Arme sieht man häufig unter einem Schutzdach eine kleinere Darstellung der Kreuzigung. Auch findet man hier und da auf einem glatten hohen Pfahl einen pausbäckigen Engel oder einen Heiligen unter einer Umdachung stehen, die oft gradezu einem Regenschirm ähnelt. Doch sind dies Erzeugnisse einer späteren Zeit und stammen gewöhnlich aus dem Barock. Die echten alten litauischen Grab- und Wegkreuze tragen fast ausnahmslos auf ihrer Spitze noch ein kleines eisernes Kreuz, das sie gleichsam ins Quadrat erhebt. Diese kleinen Kreuze sind die für Litauen höchst eigentümlichen Strahlenkreuze, die schon zur Heidenzeit dort als Sinnbilder der Sonne und des Feuers bekannt waren. Die Strahlen sind stachelig oder zickzackförmig gewunden oder verzweigt und enden nicht selten in Sternchen, die an ihrer Spitze zu knistern scheinen. Schief von der Zeit geneigt, grüßen diese hohen Grabkreuze als Wahrzeichen der Toten, mit denen das litauische Volk wie kein anderes in beständiger ängstlicher oder freundlicher Berührung lebt, den vorüber Wandernden oder Fahrenden. Besonders im Winter wirkt es oft unheimlich, wenn aus der weißen Schneefläche, die das ganze Land zudeckt, die schwarzen hohen Kreuze herausragen und einem mit ernstem Finger zu winken scheinen. Und unvergeßlich wird jedem der Anblick eines litauischen Friedhofs im Winter in Erinnerung haften geblieben sein, wenn gegen das blutende Abendrot sich die düsteren Umrisse einer solchen Kreuzgruppe abhoben wie die Schatten von Golgatha.

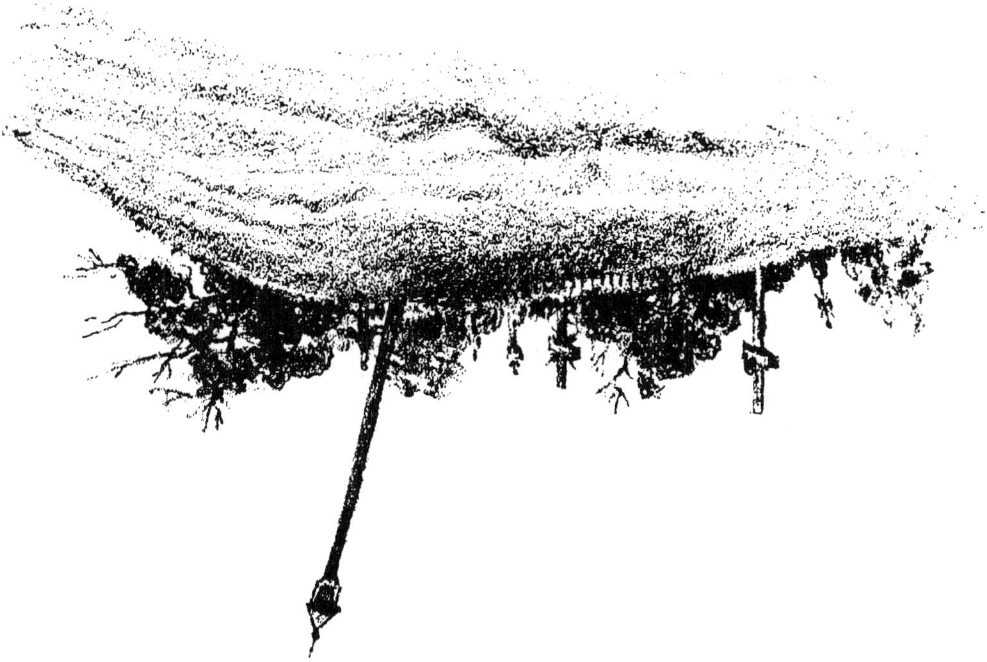

RACHEL

Sie ist weich und verträumt und ein wenig zur wehmütigen Schwärmerei geneigt. Sie versteht nichts von Politik, garnichts. Das ist ihr viel zu langweilig. Sie spricht und versteht auch keinen Jargon. Chass wescholem! Gott behüte, wollt' ich sagen. Sie haßt, jiddisch zu sprechen. Sie unterhält sich nur russisch oder auch französisch. Sie liest Heine im Deutschen und weiß, was Nietzsche sich unter dem Uebermenschen gedacht hat. Natürlich weiß sie das. Und sie ärgert sich darüber, daß wir uns wundern, daß sie dies weiß. Auf die Frage: „Kennen Sie Therese Raquin?" lächelt sie bloß mitleidig sanft oder bemerkt ironisch: „Nicht nur aus dem Kino wie Sie!" Ihre großen schwarzen Augen haben so viel gelesen. Sie schauen ganz erwartungsvoll in die Welt und das Leben, ob und wann es nun endlich romanhaft zu werden beginnt. Und auch ihr Mund möchte gern etwas davon wissen. Aber es ist ja alles so traurig, so traurig auf der Erde. Da geht sie ans Klavier und spielt: Einen schwermütigen Tanz von Chopin, dem armen Flüchtling, dem vaterlandslosen Polen, dem größten des armen Volkes, unter dem sie als Juden hier leben wie Schatten zwischen Schatten. Finster zieht sie die orientalischen Brauen in die Höhe und ein paar Tränen fallen auf die Tasten des Klaviers. Eine Anverwandte kommt herzu, schaut sie an und fragt neugierig: „Hast Du geweint, Rachel?" Gleich hört sie auf zu spielen und klappt den Deckel zu. „Du bist wohl meschugge? Ich denke nicht dran. Das Leben ist in Prosa geschrieben."

BLICK AUF DEN SCHLOSSBERG IN WILNA

Schwarz-weiß-rote Fahne oben auf der Bastion des Schloßbergs zu Wilna, wie oft haben dich deutsche Augen gegrüßt! Nicht nur die blitzenden Augen der ersten einziehenden Truppen, die in stolzem, schönem Selbstgefühl dich flattern sahen, als hätte jeder einzelne von ihnen dies Banner über der alten Jagellonenstadt aufgehißt. Nein, auch die vielen Blicke der Tausende von Deutschen, die nach den Eroberern kamen, die wochen- und monatelang hier in Wilna lagen und die Stadt und das Land ringsum zum Besten unseres Heeres und unserer Heimat verwalteten, haben sich häufig auf die Fahne dort oben gerichtet und sich gleich müden Soldaten aus ihr Trost gezogen. Wenn die Sorgen um den Kleinkram des Krieges den Sinn für die Größe des Ganzen, dem man diente, trüben wollten, hat das Anschauen dieses bunten Zeichens, das im Sturm und Sonnenschein auf seiner luftigen Höhe wehte, die sinkenden Herzen erhoben. „Du möchtest ihn doch nicht aus deinem Dasein missen, den Anblick der fliegenden Fahne auf jenem Berge!“ hat sich manch einer gesagt, wenn ihn das Heimweh packen wollte, das Heimweh mit dem verlockenden Kehrreim: „Nur in Deutschland, ja, nur in Deutschland, da möcht' ich ewig leben!“

NIKOLAUSKIRCHE IN WILNA

Wie manche Wandlungen haben die Kirchen durchgemacht! Ich sah welche, darinnen Pferde standen und Heu aus ehemaligen Beichtstühlen fraßen. Ich sah Moscheen, in deren Gebetnische die Schweine wühlten. Ich sah Synagogen, in denen Gefangene eingesperrt waren und sich auf den Betbänken wälzten. Das Allerheiligste war von den Kosaken erbrochen und beraubt. Und wo ehedem die Thorarollen lagen, hingen jetzt die Wärter ihre Tabakspfeifen auf. Oben, wo die Frauen gesessen hatten, trocknete die schmutzige und durchschwitzte Wäsche der Russen. Ich sah Kapellen, in denen Mehl aufgespeichert wurde und solche, darinnen herrenlose Hühner herumflatterten.

Am besten ist es noch den Kirchen ergangen, die ihrer Bestimmung erhalten geblieben sind und nur gleichsam ihre Konfession gewechselt haben. Ich meine die Kirchen, die man, ohne etwas an ihrer Ausschmückung und ihrem Zierrat zu ändern, zu Garnisonkirchen für unsere Feldgrauen gemacht hat, wie jene, in der Hindenburg allsonntäglich betet und diese Nikolaus- oder Kasimir-Kathedrale in Wilna, die wähend der Kriegsdauer zum evangelischen Gottesdienst bestimmt worden ist. Sie hat schon einmal ihren Glauben ändern müssen. Damals, anno 1832, als die Russen diese ehrwürdige Barockkirche, in der schon über zweihundert Jahre lang litauisch und polnisch gepredigt worden war, einfach rücksichtslos über Nacht zur griechisch-katholischen Kathedrale erhoben. Statt dem heiligen Kasimir hatte sie fortan dem heiligen Nikolaus zu dienen. Der Ikonostas, die Bilderwand, mit ihren der antiken Theatereinrichtung nachgeahmten drei Türen, wurde vor das Allerheiligste gerückt, der plastische Schmuck entfernt. Und wo einst ein einheimischer Priester nach römischer Satzung die Messe gelesen hatte, stand jetzt zwischen dem Glanz hoher Kerzen ein russischer Pope, die hohe zylinderförmige Mütze auf seinem Kopf und segnete seine winzige Gemeinde. Heute predigt dort an Sonntagen in der violetten Feldtracht ein evangelischer Pfarrer zu den Soldaten, die das Gotteshaus füllen. Und seine Stimme hallt erschütternd von den Wänden wieder, wenn er die Worte spricht: „Denn tausend Jahre sind vor Dir wie ein Tag und wie eine Nachtwache.“

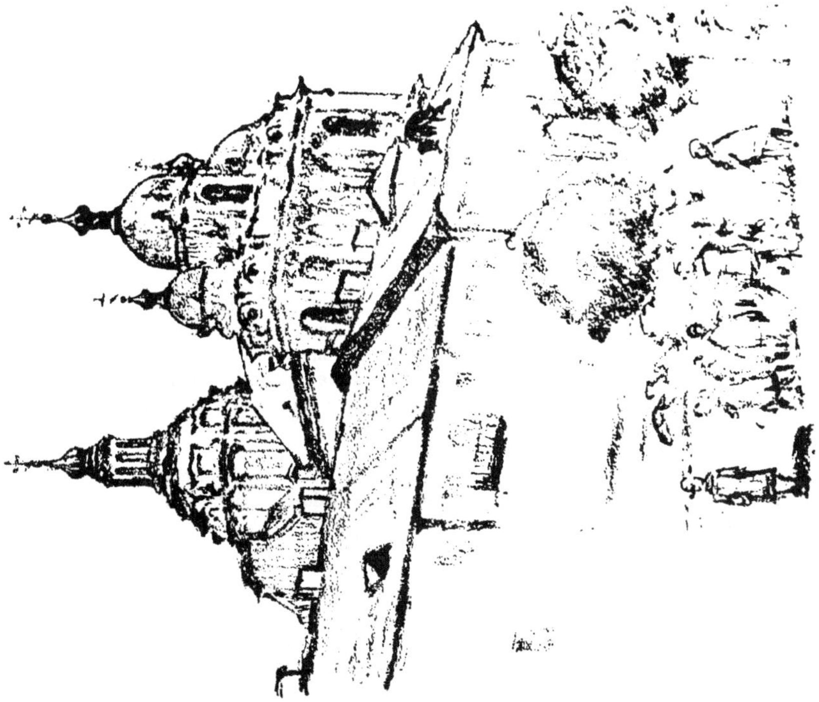

Das Standbild Puschkins naht sich suchend dem Sockel des Murawieff-Denkmals: Verfluchte Finsternis! Ich muß mich verlaufen haben. Ich finde meinen Sockel nicht mehr. Dank der verwünschten Sparsamkeit mit dem Licht, die diese Deutschen in Wilna eingeführt haben. Ach! Da steht er. Endlich!

Murawieff (vom Sockel herab): Was fällt ihnen ein, an mir emporzuklettern! Sie Bummelant! Scheren sie sich weg von hier, sie Dichter! An den Platz, wo sie hingehören! Drüben unter die Bäume am Park! Zwischen die Blumenbeete und die Nachtigallen und den anderen Klamauk! Mein Sockel ist viel zu groß für sie. Sehen sie das nicht selber, sie Träumer?

Puschkin (deklamiert):

O heil'ges Rußland, meine stumme Mutter,
Laß mich dir Zunge sein und hör' mich an!

Das Standbild der Kaiserin Katharina (kommt herzu): Quel bruit dans la nuit! Auh, meine Kurzsichtigkeit! Ich hätte mir längst ein Lorgnon aus Paris senden lassen, wenn es mir gestanden hätte. Aber Frauenzimmer mit Brillen sind affreuses. (Suchend.) Hier muß es sein. Enfin! Da ist mein Sockel.

Murawieff (von dem seinigen): Majestät irren! Majestät stehen drüben vor der Kathedrale und nicht hier vor der großen Bibliothek, nach der es Majestät hinzieht. Ich bedaure sehr, ich habe Majestät den Platz nicht angewiesen.

Puschkin: Vernunft, such' dir ein anderes Reich wie Rußland!

Die Kaiserin Katharina: Hinunter da oben! Man hat mir aufs Wort zu parieren. Oder man riskiert seinen Kopf. Selbst der meines Gemahls war mir nicht zu hoch, um ihn hinunterzuholen. Weg da, sag' ich!

Murawieff: Es tut mir leid, unhöflich sein zu müssen, Majestät. Majestät hätten früher kommen müssen. Pünktlichkeit ist die Höflichkeit der Könige. Man hat mich oft genug hier wegekeln wollen, mich, den Bezwinger Litauens. Aber ich habe eine eherne Stirn, Madame. Selbst vor Zarinnen.

Puschkin: Schämst du dich nicht, deine erhabene Monarchin so anzubellen, du Bulldoggenkopf! Mach' Platz da! Oder ich nehme dir den Stock aus der Hand. Verstanden?

Die Kaiserin Katharina: Merci, mon poète!

Murawieff: Suchen wir wieder Duelle? Sie Skandalmacher! Haben wir nicht genug Unfug angerichtet unter der jeunesse dorée in Petersburg! Man hätte ihn nach Sibirien verbannen sollen.

Die Kaiserin Katharina: Grâce aux poètes! Wir haben ohnedies allzuwenig Singvögel bei uns.

Murawieff: Einen hübschen Kumpan haben sich Majestät an dem Reimdrechsler da ausgesucht. Potemkin war mir lieber an eurer Seite.

Puschkin: Unverschämter! Meinst du, du könntest mit mir wie mit einem Polen umspringen? Ich bin ein Moskowiter. Mach' Platz für deine Kaiserin, du Büttel. (Er zerrt hinten an seinen Uniformschößen.)

Murawieff: Die Hände weg! Keine Vertraulichkeit! Ich pflege mich nicht mit betrogenen Ehemännern zu dutzen.

Puschkin: Du hast lange genug deinen Fuß auf Litauen gesetzt. Ich werde der Brutus dieses Landes sein. (Er zieht ihn vom Sockel herunter.)

Murawieff: Meine Nagaika her! Wo ist meine Nagaika? Man hätte sie mir auf mein Denkmal mitgeben sollen. Ich werde ihn prügeln wie einen Ruthenen.

Puschkin: In den Staub mit dir! Ein neues Rußland, ein revolutionäres dämmert herauf. Aus deinem Moder wächst der Freiheitsbaum. (Sie schlagen sich aufeinander losprügelnd nach Rußland.)

Die Kaiserin Katharina (hinter ihnen her): Hélas! Welch' eine Verwirrung herrscht in meinen Landen!

Die drei Sockel bleiben leer und kopflos.

JÜDISCHER GEPÄCKTRÄGER

Ein jüdischer Gepäckträger. „Ach was! So etwas gibt es wirklich? Juden sind doch nur reiche Leute. Leute, die Geld zusammenscharren, oder schon so viel haben, daß sie es ausleihen. Natürlich nur gegen hohe Zinsen." Also spricht der „Westler", der zum erstenmal in den Osten nach Rußland kommt und schaut sich den alten Kerl, der seinen Koffer von dem Zuge zur Droschke schleppt, auf der natürlich ein jüdischer Kutscher sitzt, noch einmal von der Seite an. Richtig! Es kann stimmen im Profil. Aber er sieht garnicht wie ein Großkapitalist aus. „He! Alter Freund, wieviel nehmt Ihr ein jeden Tag?"

„Wieviel ich einnehme?" wiederholt der Alte nach hiesiger Art die Frage und wischt sich unter seiner Last über die Stirn. „Nuh! Wie Gott gibt! Amol zwei Mark, amol drei Mark, amol gar nischt!" „Und amol auch mehr, nicht wahr?" „Eso wahr soll ich gesund sein, wie ich nischt mehr verdiene als drei Mark", beteuert der Alte.

„Gott wird Dich gesund sein lassen. Hier habt Ihr fünfzig Pfennig und noch einen Groschen dazu. Ihr nehmt doch deutsches Geld?" „Daitsches Geld! Warum nicht! Gott soll Aich behieten vor allem Bösen und Aier Weib und Aier Kinderleben dazu, gutter Herr!"

Der Wagen klappert davon. Der Alte blickt ihm nach wie dem Leben, das an ihm vorüberfährt. Dann schaut er auf das Geld in seiner Hand. „Was für Fragen ain Goi tun kann!" denkt er und geht seufzend gemächlich wieder an seine Arbeit zurück.

DIE MADONNA VON OSSTRABRAMA

Schon daß dies Bild der Madonna hoch über den Menschen in einem Torbogen hängt, unter dem die Wagen im Schritt fahren und ein jeder, auch der Jude, der unter ihr seines Weges spaziert oder kutschiert, die Mütze lüftet, hebt es vor andern Muttergottesbildern heraus. Es schwebt gleichsam außerirdisch in der Luft und man muß den Kopf zu ihm heben wie zu allem Göttlichen. Niemals verläßt es seinen Ort. Ein blaßblauer zarter Vorhang aus schwerer Seide wird vor das Bild gezogen, wenn es unsichtbar werden soll. Aber die Madonna bleibt stets an ihrem erhabenen Platz im Bogen des alten Osttores, von dem sie ihren Namen führt, und lächelt, wenn sie sich zeigt, in himmlischer Majestät auf die Menschen hernieder.

Ihr schmales, längliches Antlitz ist gebräunt von dem Duft der Wachskerzen, die vor ihr brennen, wie das Angesicht der Braut, die das Hohe Lied besingt. Niger sum sed formosa, sagt es in seinem lieblichen Ausdruck. Der Kopf ist sanft zur Seite geneigt, wie bei Menschen, die immer wieder vom Mitleid zur Erde gezogen werden. Bunte Edelsteine funkeln von dem Mantel, der sie deckt. Zwei Kronen lasten auf ihrem Haupt, das von bleichen Perlenketten umwunden ist. Aber sie drücken sich nicht, so wenig, wie die Ehren, mit denen man ihn umgibt, den wahren König beschweren. Sie lächelt dazu in unnahbarer Größe und in ewig gleicher Güte.

Doch von fast noch wundervollerem Ausdruck als ihr Gesicht sind ihre Hände. Sie wachsen aus dem Gold des Mantels, der sie umgleißt, wie seltsame Blumen, fast wie Orchideen, hervor. Braun auch sie, sind sie eigentümlich gespreizt. Aehnlich wie die segnenden Hände der Hohepriester im Alten Testament. Sie haben beinah etwas Künstliches. Sie halten nichts. Kein Kind, wie es sonst die Mutter Gottes schmückt oder drückt, ruht auf ihnen. Es ist die Immaculata, die unbefleckte Jungfrau, nicht die mater dolorosa oder iocosa, die dort im Bilde auf der Mondsichel schwebt.

Zu der reinen Himmelskönigin beten alle jene, die dort auf der heiligen Straße vor ihrem Bilde knien.

Dir, der Unberührbaren
Ist es nicht benommen,
Daß die leicht Verführbaren
Traulich zu dir kommen.

Scharen von Andächtigen ruhen zu jeder Zeit, den Blick voll Sehnsucht und Gläubigkeit emporgewandt, vor diesem Abbild der Göttlichkeit, das wie eine Monstranz leuchtet, auf dem Pflaster oder den hölzernen Steigen am Rand der Straße. Krüppel und Bettler sind darunter, die den Rosenkranz zwischen ihren schmutzigen und knochigen Händen drehen und ihr Leiden und Elend zur Madonna emporheulen oder winseln. Bis zum Ende der heiligen Straße klingt dies Beten und Klagen zur gebenedeiten Jungfrau, deren Bildnis aus der Ferne im Flimmer der Lichter wie ein glühendes rotgeweintes Auge erglänzt. Als rühre der Himmel und seine Herrscherin die tiefe Trauer, die durch diesen Krieg über die Menschheit gekommen ist.

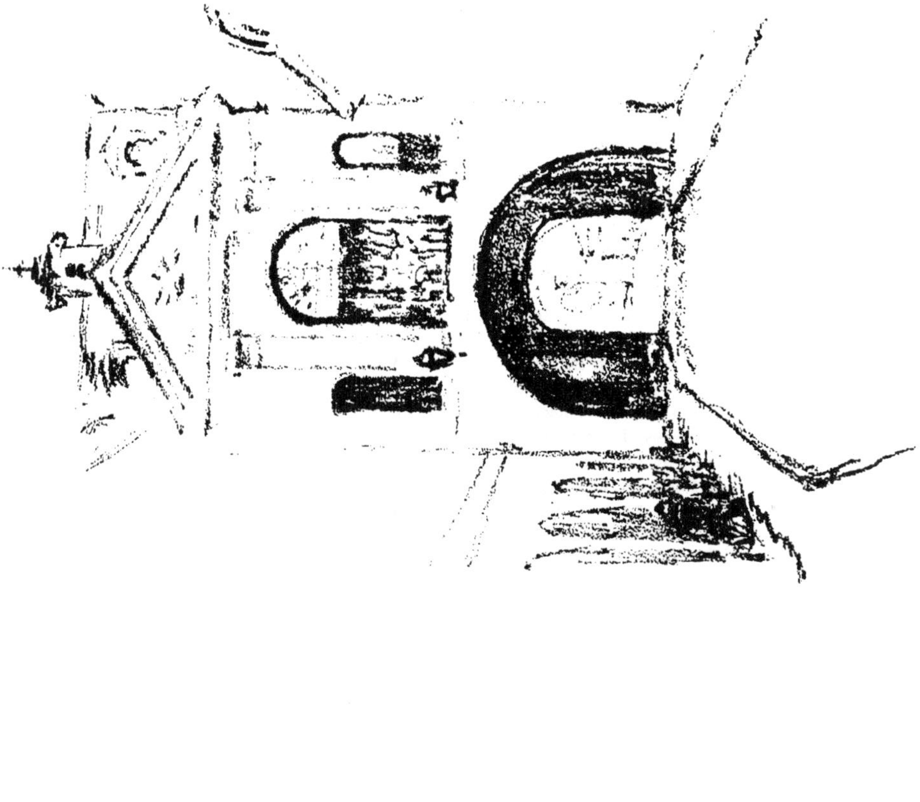

KOPF EINES ALTEN JUDEN

„Warum malt Ihr so gern alte Juden, Meister?" fragte man einstmals Rembrandt.

„Weil sich das Leid des Lebens doppelt stark in ihren Zügen ausspricht. Weil sie das, was wir alle, die wir atmen, durchmachen und durchdenken müssen, noch bitt'rer schmecken mußten als die andern Menschen, dadurch, daß ihnen durch ihre Geburt das Dasein von vornherein versalzen war. Weil sich in ihren vergrämten Gesichtern das Gefühl, ein Fremdling auf der Erde zu sein, das sich auf dem Antlitz der Besten ausprägt, wunderbar und erschreckend deutlich wiederspiegelt. Weil sich bei ihnen von der kleinen Fläche des menschlichen Angesichts, die man mit zwei Händen zudecken kann, die Tragödie unsers ganzen Geschlechtes ablesen läßt. Weil in den Runzeln ihrer Stirn, in dem Blick ihrer Augen, in den Falten um ihren Mund die schmerzlichste der Enttäuschungen, die wir im Altern von dem Stoppelfeld unserer Träume sammeln müssen, die Enttäuschung über die Menschheit, erhaben ausgedrückt ist, wie in einem Monument, das man der Erbärmlichkeit der Welt gesetzt hat. Und weil sich endlich trotz alle diesem die Hoffnungsseligkeit der Menschen und die Zuversicht auf ein besseres Jenseits selten ergreifender abmalen läßt als von diesen vergrämten Lippen, die den Tag mit heiligen Psalmen beginnen und ihn beschließen, indem sie ein paar dunkle Sprüche aus dem Talmud vor sich hinflüstern, als wären damit die Schlüssel zum Paradiese wieder gefunden."

DER ALTE JUDENFRIEDHOF

Ganz anders wie der weltberühmte von Prag, der einer versunkenen Totenstadt gleicht, eingeklemmt zwischen hohe neue Mietshäuser, einem muffigen Seelenghetto, das wie ein Alpdruck auf unserer Erinnerung lastet, ist dieser fünfhundertjährige Friedhof von Wilna wie ein Stück Vergangenheit, das auf der grünen Wiese der Gegenwart weidet. Am Ufer der Wilja. Ein Nachen trägt uns hinüber über den schnellströmenden Totenfluß. Noch ein paar Schritte drüben am Strand. Da ruht schon wie ein Häuflein welker Blätter Judengrab bei Judengrab. Mitten auf einer Wiese, die ein hoher grauer Bretterzaun umschließt. Fast alle Grabsteine sind verwittert, zerbröckelt und zerfallen. Ihre Ziegel und Klötze modern zerstreut im Grase. Ein paar Kühe grasen auf dem welligen Rasengrund neben dem Friedhof. Kampagnastimmung umweht uns. Hier und da schaut uns von den Ueberresten der übermoosten Grabsteine noch die krause Schrift Palästinas an. Mit schwarzen oder goldenen hebräischen Lettern. Von den Grabhütten ist der Mörtel abgebrochen, sind die Dächer vermorscht. Am ergreifendsten aber sind die vielen Gräber, die völlig versunken und von der Erde wieder verschluckt worden sind. Wie winzige Maulwurfshügel, vom Grün überwachsen, wie niedrige Wellenkämme des Todes sehen sie aus, diese zahllosen Ruhestätten längst verstorbener Kinder Israels, die statt am Jordan an der Wilja schlummern.

GRAB DES GER ZEDEK IN WILNA

Ein riesiger Baum fällt uns auf unter den wenigen, die dort wurzeln. Ohne Stamm wächst er in fünf großen auseinander geworfenen Aesten unmittelbar aus der Erde. Wie eine gewaltige Kröte oder ein Krokodil, irgend etwas Beinloses, sieht er von weitem aus. Oder auch wie ein verschrobener alter Mann. Tuchfetzen, Holzstücke und Steine, von den Besuchern des Friedhofs dorthin gebracht und längst grau und schmutzig geworden und verwittert, schmücken ihn wie ein trauriger Zierrat. Er ist aus dem Grab des Ger Zedek emporgewachsen, eines reichen polnischen Grafen, der vor zweihundert Jahren zum Judentum übergetreten ist. Nicht aus Liebe zu einer schönen Jüdin, wie sie Grillparzers spanischen König ergriff. Sondern aus Verehrung für die Gotteslehre Moses, die Regeln des Pentateuch und die Geheimnisse der Kabala. Der Baum hat den Grabstein gesprengt, wie das übermächtige metaphysische Verlangen nach Weisheit einst die Lebensgewohnheiten dieses Grafen zerbrach und ihn aus dem glänzenden Kreis der Seinen als armen bekehrten Juden Abraham ben Abraham in die Synagoge trieb. Er bedarf nicht des Regens, dieser seltsame Baum, heißt es in der Chronik, weil er von den Tränen, die um den Ger Zedek vergossen worden sind, durchtränkt ist. Denn der Polengraf wurde wegen seines Uebertritts zum Judentum an dem Fuß des Schloßberges zu Wilna verbrannt. Eine goldene Treppe soll sich von seinem Scheiterhaufen zum Himmel aufgetan haben, wie die Leiter, die Jakob im Traume sah, von lichten Reihen von Engeln umsäumt. An ihrer Spitze hätte der Erzvater Abraham den Ankömmling empfangen. Die Ueberreste des Ger Zedek aber bargen die Häupter der Gemeinde zu den toten Leibern der Ihrigen. Zwischen den Leichen Israels und dem rührenden Gräberkehricht schläft nun unter dem rätselhaften Baum am Ufer der schnellströmenden Wilja die Asche des polnischen Grafen.

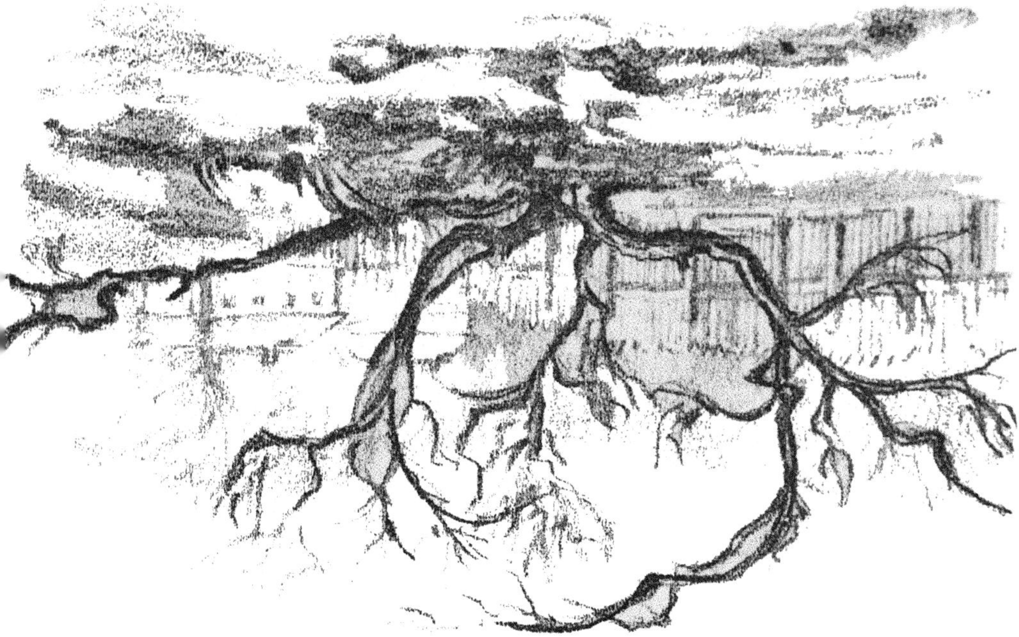

JÜDISCHER FUHRMANN

Das ist freilich kein herrschaftlicher Kutscher, keiner, der auf dem Bock einer Droschke sitzt, in einem blauen Mantel, der umgekehrt wie das Hermelin mehr Flecken als reinen Grund hat, und mit einem mit Metall beschlagenen Ledergürtel um den Leib, an dem seine Nummer hängt. Das ist nur ein einfacher Fuhrmann, der mit derben Gäulen umgeht, nicht mit zierlichen Panjewagenpferdchen, die oft schon so abgeklappert sind, daß man sie gern selbst in die Kutsche setzen und eigenhändig zum Abdecker ziehen würde. Aber wenn ihr eine Kiste Wein vom Kasino zu besorgen habt oder eine Fuhre Holz für den Winter, sagt's nur hier Josche, dem Balagolen, wie der jiddische Jargon den Fuhrmann nennt. Er wird's gut besorgen. So verschmitzt wie er aussieht, so tüchtig und zuverlässig ist er bei der Arbeit, wenn es zuweilen ein Schnäpschen dazwischen gibt. „Man hat's nötig bei der Kälte!" meint er dann zur Entschuldigung und leckt sich den „Bronfen", den geliebten Branntwein von den Lippen. Nur die Peitsche braucht er ein bischen viel bei seinen Tieren. Wenn man ihn deshalb zur Rede stellt, meint er lächelnd: „Nu, lieber Herr! Werden wir nicht auch geschlagen und geschunden, wir Menschen?"

„Hast Recht, Josche! Es ist ein schweres Leben heutzutage. Doch, was hilft das Jammern? Weitermachen! Weitermachen!"

KOPF EINES JÜDISCHEN FUHRMANNS

Und das ist Leibe, der Bruder unsers Josche. Auch ein Fuhrmann. In Polen und Litauen mit seinen wenigen Eisenbahnen und seinen schlechten Straßen spielt der Fuhrmann eine viel größere Rolle als bei uns. Er besorgt die Post. Er vermittelt tausenderlei Geschäfte. Der hier ist lange nicht so schlau wie Bruder Josche. Größere Sachen hält er sich gern vom Leibe. „Sogt dos zu main Bruder! Main Bruder hat a Kopp wie a Rabbiner!" versichert er dann und kratzt sich ein Läuschen unter seiner Arbeitskappe fort. Allmählich hat sich das rundgesprochen, daß er sich nichts wichtiges und gewagtes zutraut, und man betrachtet ihn im Gegensatz zu dem gerissenen Josche, der alles macht, mehr als Kaufmann zweiter Gilde. Dies hat ihn wiederum verbittert und mit einer stillen Eifersucht gegen den Bruder erfüllt, der ihm im Lichte steht. Sein Gesicht hat etwas Griesgrämiges bekommen. Sein Mund hat den Ausdruck eines, der sich ständig zurückgesetzt fühlt, angenommen. Aeußerlich vertragen sich die beiden Brüder ganz leidlich. Sie helfen einander beim Aufladen. Sie gehen zusammen am Freitag Abend in das Betharnidrasch, das Lehrhaus, wie die Synagoge heißt. Aber Gott bürgt nicht dafür, daß nicht einmal eines Abends im dunklen Hof oder auf einer finstern Treppe an einer Galerie, die um ihre Hinterhäuser führt, Leibe plötzlich den klügeren angeseheneren und reicheren Bruder mit einem echten Wilnaer Fluch vorn am Rockkragen packt und einmal durcheinanderschüttelt: „Solist haben a schwarz Johr, Du Rosche!"

JUDENGASSE IN WILNA

Dies Gekribbel und Gekrabbel,
Dies Gekreisch und dies Geschnabbel,
Wie es durch die Judengasse
Wogt und schrillt in ems'ger Masse,
Klang einst um des Tempels Hallen,
Eh' die hohe Stadt zerfallen.

Alte Laute hört man sagen
Aus Jesajas schweren Tagen,
Mosis Wort und Davids Psalter.
Zwischen Schrot und Kleiderhalter
Aus Gerümpel, täglich feuchter,
Ragt ein siebenarm'ger Leuchter.

Um die Türen Lumpen wehen,
Zions Lettern drüber stehen.
Alles, was hier lacht und handelt,
Ist seit Jakob kaum verwandelt.
Ew'ges Volk, umhergetrieben,
Bist du selbst dir treu geblieben!

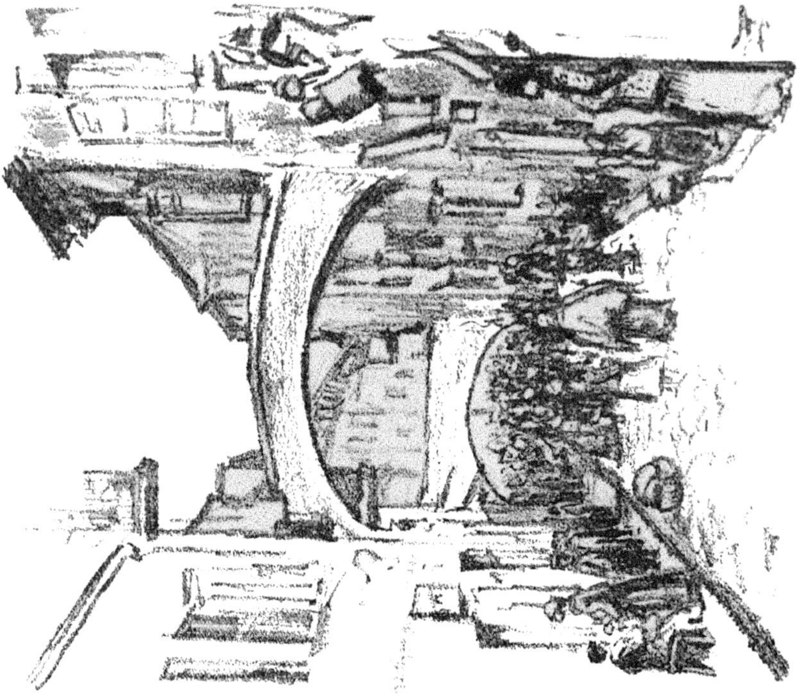

MARKTPLATZ IN LIDA

„Marktplätze seyen von jeher eine Augenweide für einen Maler", heißt es schon bei einem mittelalterlichen Schriftsteller. Dem folgend hat unser Zeichner sich vor diesen in Lida hingestellt und das Gewimmel, das täglich dort zwischen den niedrigen Häusern und Buden hin- und herläuft, mit ein paar Strichen festgehalten. Ein Stück Leben ist damit auf das Papier erhascht, wie wir es täglich von irgendeiner Stelle aus in den polnischen Städten und Städtchen an uns vorübertreiben sehen. Wie ein Stock in einen Ameisenhaufen ist der Krieg in diese Nester hineingefahren und hat alles durcheinandergewirbelt. Und noch jetzt kennen die Menschen, die dort herumlaufen, nur eine Sorge, nur eine Frage: Wann ist der Krieg zu Ende? Man merkt es fast noch den Figuren auf dieser Zeichnung an, dies tägliche Warten und Bangen. „Hurra! Das Leben!" krähte Liliencron, wenn es ihm geglückt war, ein solches Abbild des Daseins einzufangen.

ALTER POLE

Das ist ein Pfiffikus, einer, der über die polnische Frage nachdenkt und sie zweifelsohne schon bei sich gelöst hat. Er kennt die Vergangenheit ganz genau und weiß, daß Napoleon sich zum König von Polen gemacht hätte, wenn er nicht vom Wiener Kongreß abgesetzt worden wäre. Alle Kriege der Welt sind überhaupt nur um Polen geführt worden. Kaiserin Katharina hat, weil sie Friedrich dem Großen einen Korb geben mußte, ihm zum Trost die preußischen Provinzen Polens vorgeworfen. Aus reinem Mitgefühl und Edelmut. Die Fremden sind immer auf Polens Kosten nobel gewesen. Das wird auch diesmal das Ende vom Liede sein

So ist seine Geschichtsauffassung, von der er nicht abzubringen ist. Die Russen haben vergebens versucht, ihn in der Schule zu einer anderen Ansicht zu bekehren, indem sie alle Schuld auf die Preußen warfen. Er läßt sich nichts vormachen. „Wer in der Mitte liegt, hat den Schaden!“ denkt er. So engel- und kinderrein, wie sich die Russen in dem berüchtigten Manifest von Nicolai Nicolajewitsch gewaschen haben, sind sie nie gewesen. Man braucht nur das Wort „Ochrana“ „Geheimpolizei“ auszusprechen, so weiß jeder in Polen Bescheid. Nun, wo es schlecht bestellt ist um Väterchen Zar, möcht' er es mit keinem, selbst nicht mit seinen „lieben Juden“ verdorben haben, die man doch jahrelang durch Progroms wie einst die ersten Christen in Rom durch die Tiere der Arena vernichten wollte. „Wenn es dem Russen ans Fell geht, wird er zärtlich“, denkt der Alte verschmitzt, zieht an seiner kalten Pfeife, schaut in seine leere Teetasse und summt eins vor sich hin. Ganz leise, daß es keiner außer ihm versteht: „Jeszcze Polska nie zginela! Noch ist Polen nicht verloren!“

HOLZSYNAGOGE IN GRODNO

Sieht er nicht wie ein chinesisches Teehaus aus, dieser hölzerne Bau mit dem gleich drei Hüten übereinander gesetzten geschweiften Dach? Es ist die alte Synagoge auf der Höhe jenseits von Grodno, dergleichen man hierzulande viele sieht, und die einander ähneln wie die Brüder Josephs. Zwischen den niedrigen schmutzigen Häusern, die dort oben stehen und gleich den Bettlern an der Engelspforte in Rom täglich eine der schönsten Städteansichten genießen, ragt sie ernst und würdig wie ein alter Rabbiner in die sie umgebende Welt. All in ihrer Seltsamkeit und hölzernen Herrlichkeit.

BLICK AUF GRODNO MIT GESPRENGTER BRÜCKE

Dies ist der Blick auf Grodno, den man von jener Holzsynagoge sieht, die der Künstler gezeichnet hat. Tief unter uns windet sich der braune Njemen, die Mosel Polens, zwischen den Höhen und Hügeln. Die hölzerne Brücke dort zu unsern Füßen, die „Deutsche" genannt, die von unsern Pionieren in wenigen Tagen geschlagen worden ist, verbindet, fortwährend beritten, befahren und begangen, Grodno mit seinen ländlichen Vorstädten. Neben ihr starren die riesigen Trümmer der von den Russen gesprengten Eisenbrücke wie der geborstene Koloß des Zarenreiches in die Luft. Gegenüber aber erglänzt Grodno selbst mit seinen vielen Kirchen und bunten Türmen in unvergeßlicher Lage. Wie schrieb August der Stärke von seinem Schloß dort links auf dem Berg an Peter den Großen, dem diese als Zusammenkunftsort vorgeschlagene Stadt nicht schön genug erscheinen wollte? „Kommen Sie getrost, mon cher cousin. Grodno ist eine Stadt, die sich wie eine Polin neben allen andern Frauen wohl sehen lassen kann!"

PARKEINGANG IN GRODNO

Tretet ein! Auch hier wohnen Götter. Keine nackten klassischen Olympier. Aber gepuderte und bebänderte. August der Starke, ein barocker Jupiter, ist oft durch dieses Tor geschritten, mit einem majestätischen Augenaufschlag die Sphinxe zu seinen Häupten grüßend. „Bon jour, mes dames! Können sie mir verraten, woher ich neue Steuern bekommen kann? Aus Sachsen oder aus Polen? Solche, die mir möglichst viele Vergnügungen und meinen Untertanen möglichst wenig Sorge machen. Es soll einmal in Polen heißen: Zur Zeit des Königs von Sachsen galt das Sprichwort „Trink', iß und mach' den Gurt weiter!" Und wenn nach Jahrhunderten noch einer meiner Landsleute von der Elbe durch diese Gegenden fährt, mag er schmunzelnd denken: „Da haben wersch. Alles was schön hier ist, hat unser König errichtet."

NONNENKLOSTER IN GRODNO

Eines der unzähligen Nonnenklöster Rußlands. Verschwiegen zwischen Bäumen liegt es. Schwärmerische junge Schwestern beteten dort. Ihre bleichen Wangen glühten von der Liebe zu unserm Heiland und ihre zarten Lippen sprachen unaufhörlich: „Gospodi, Gospodi pomilui! Herr, Herr, erbarme dich unser!" Und alte eifernde Nonnen wie Tolstois finstere Schwester, zu der er sich aufmachte, da es ans Sterben ging, hausten dort und führten ein hartes Regiment über die Seelen, die sie zu verwalten hatten. Jetzt, wo die Welt ein Wundhaus geworden ist, liegen Kranke da, Sterbende, deren Blicke sich auf die vergessenen fremden Heiligenbilder in den Nischen und über den Türen heften. Wie auf Sterne, denen sie sich nähern mit ihrem Tode.

BAROCKKIRCHE IN GRODNO

Nacht ist's auf dem Paradeplatz in Grodno. Die russische Kathedrale schläft wie ein Murmeltier oder ein vollgegessener Pope. Im Traume stoßen ihre blauen Kuppeln zusammen und klingen: „Tiang! Ting! Ting!" Ein verschollenes russisches Geläut. Aber vor der hellen katholischen Barockkirche, deren Türme in den schwarzen Himmel klettern, wird es lebendig. Zwei Jesuitenpatres in der alten Tracht ihres Ordens aus dem siebenzehnten Jahrhundert huschen aus dem Portal. Sie schlagen das Kreuz vor der Türe. „Sagt dem Papst: Eher stürzen die Sterne dort oben zusammen, ehe denn ein Pole von seinem Glauben läßt!" flüstert der eine. „Rom hört Euch, seine treuesten Söhne!" entgegnet der andere, noch leiser.

BLICK AUF GRODNO

Wieviel Kirchen hat Grodno? Was sagt das Konversationslexikon darüber? Schlagen wir es auf! Gouvernement Grodno! Stadt Grodno! Richtig! da stehts: 6 griechisch-katholische Kirchen und 2 orthodoxe Klöster, 5 römisch-katholische Kirchen gleichfalls nebst 2 Klöstern, eine lutherische Kirche, 2 Synagogen, 28 Bethäuser, macht zusammen 46 Gotteshäuser für eine Stadt von weiland 55000 Einwohnern. Die Zeichnung Hermann Strucks unten an der Memel hat der Künstler gestanden und über die Baumwipfel nach der Stadt hinaufgeschaut — zeigt vor allem die russische Sophien-Kathedrale. Mit ihren blauen Zwiebelkuppeln, die besonders bei der Winterabenddämmerung, wenn die Schlitten über den Schnee klingeln, phantastisch wie Kobalt aufleuchten, blickt sie über den Paradeplatz von Grodno zur polnischen Pfarrkirche hinüber. Patzig wie ein echter Russe wirft sie sich trotz ihrer Neuheit gegen die alte barocke Pfarrkirche auf, die bereits 1610 erbaut worden ist, und die nun, wo das russische Gebimmel verstummt ist, wieder mit ihren glockenlosen Türmen über der einst so stolzen Polenstadt thront. Grodno ist die Grabstätte der Selbständigkeit des Jagellonenreiches gewesen. Hier hat die zweite Teilung Polens stattgefunden; hier hat der letzte gekrönte König Stanislaus Poniatowski abgedankt. Seitdem hat die Memel, die einst grün wie das Birkenlaub im Mai dahinfloß, so erzählen die Polen, ein graubraunes Trauerkleid angezogen, und ihre Wellen weinen, wenn sie am alten Schloß von Grodno vorüberströmen.

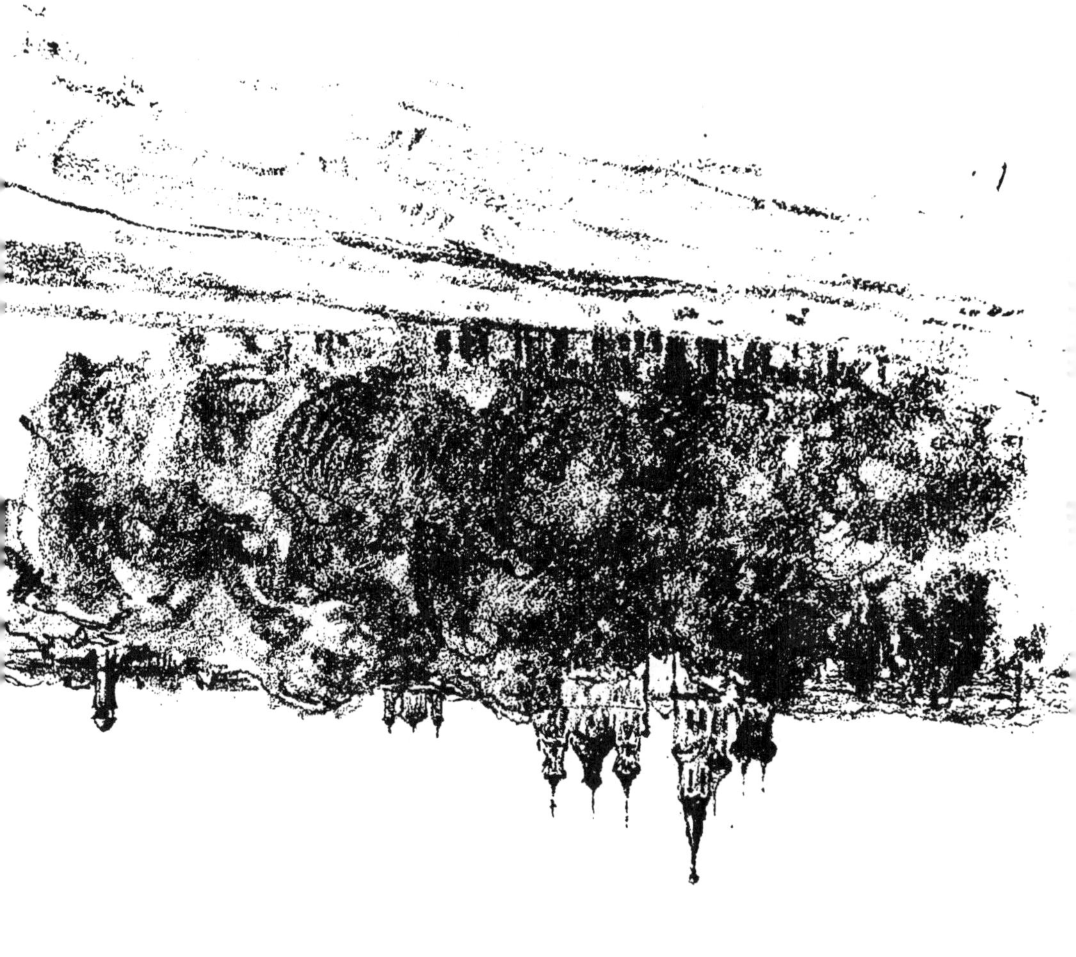

KRAMLADEN IN GRODNO

Wovon leben solche Leute eigentlich? Man sieht sie nie etwas verkaufen. Sie ziehen auch nicht die mindeste Miene auf, als ob sie Lust dazu hätten oder unsereinem Laune dazu machen wollten. Mißmutig und verkehrt stehen sie in ihrem Kramladen hinter der Theke herum, solche kleinen Trödler wie diese Frau aus Grodno hier. Mit Wagenschmiere handelt sie und mit Fetten und Schuhwichse. Und schwarze Seife „führte" sie vor dem Kriege, da das Kilo noch 40 Kopeken kostete statt vier Rubel, die es heute kosten würde, wenn man es überhaupt noch bekäme. Früher, als das Geschäft gut ging — bei diesen Leuten war früher immer alles besser —, da hat sie einmal versucht, sich einen Handel mit Zuckerwaren zu den Schmiersachen zuzulegen. Für die kleinen Kinder, die sie gern in ihren Laden kommen sah. Aber dazu mußte sie sich zu häufig ihre Hände waschen. Das war ihr unbequem. Drum hat sie es wieder aufgegeben. Noch ein Erlebnis hat sie in ihrem Geschäft gehabt: Eines Tages ist ein russischer Offizier zu ihr hereingetreten, ganz ohne Unbehagen, als ob ihre Bude in der Ssobornaja oder in der Uliza Grafa Murawjewa läge, und hat „kölnisches Wasser" bei ihr verlangt. Er war total betrunken, wie sich denken läßt. Aber er hat es bei ihr verlangt. Das ist und bleibt ein Ereignis für sie.

Sie weiß, ihr Geschäft ist nicht das sauberste, und sie schämt sich dessen zuweilen, wenn sie frisch gewaschene Leute sieht. Aber was soll sie machen! Sie kann doch nicht mit Brüsseler Spitzen handeln. Also steht sie weiter zwischen dem schmutzigen und fettigen Durcheinander ihres Schmierladens, in dem die Gewichte an der Wage kleben bleiben, wenn sie etwas abwiegt. Mitunter holt sie ein Stück Lumpen aus einer der Truhen hervor und putzt sich die Finger damit ab. Leider benutzt sie das gleiche Tuch auch gern für ihre Nase. Im Rembrandtischen Hell-dunkel ihrer Budicke, das selbst den Laien in der Malkunst auf den ersten Blick entzückt, drückt sie sich herum von morgens bis abends. Dann, wenn alles rings um sie schwarz wie Schuhwichse geworden ist, kriecht sie in irgendeinen Winkel zur Ruhe nieder. Das ist deine Welt! Das heißt eine Welt!

AM FRANZISKANERKLOSTER

Worauf wartest Du, Väterchen, auf dem harten Stein vor dem Franziskanerkloster? Auf die Liebe, die dort heraustreten soll und auf die Barmherzigkeit? Auf eine milde weiche Hand, die sich zu Dir hinausstrecken wird mit einem Teller voll Kartoffeln oder voll Abfall, wie man ihn einem Hunde reicht? Oder auf ein kupfernes Kopeken- oder ein helles Fünfpfennigstück, wie sie jetzt hier von Hand zu Hand wandern? Warte nur! Vielleicht tritt der zu Dir hinaus, nach dem dies Kloster seinen Namen trägt: Der heilige Franziskus von Assisi, der die Tiere seine Brüder nannte und die Blumen seine Schwestern, der den Frieden predigte und das Reich der Liebe auf Erden. Er wird vor Dir niederfallen und Dich aufrichten und segnen mit einer Handvoll Staub, die sich zu Gold wandelt zwischen seinen Fingern. Und sein seliger Mund wird Dich grüßen: „Bettler! König!"

Aber Du glaubst es nicht. Du schüttelst verzweifelt Dein Haupt und wartest weiter. Worauf? Auf nichts.

AN DER MEMEL IN GRODNO

Wenn man Grodno zum ersten Mal besucht, begreift man den polnischen Herrscher nicht recht, der, wenn er von Warschau nach Wilna reiste, tagelang in Grodno verweilte, und wenn er es schließlich verlassen mußte, um weiterzuregieren, stets erklärte, daß er ein Stück von seinem Herzen zurücklasse. Wenn man aber zum zweiten Mal nach Grodno kommt, versteht man ihn schon besser. Und ist man gar zum dritten Male dort, so spricht und fühlt man genau wie jener Polenkönig.

Ein eigenartiger Zauber schwebt um die Hügel Grodnos, die, wie Lästermäuler behaupten, im Lauf der Jahrhunderte langsam aus den Abfällen der Stadt entstanden wären. Mag sein! denkt man, wenn man wie dieser Schiffer im kleinen Kahn auf der Memel zu Füßen Grodnos vorbeifährt. Aber ist nicht die ganze Welt ein Werk aus Werden und Verwesen, das wie der Atemzug im Mund eines Höchsten wechselt? Und ist nicht die Erde nur ein Staubkorn der Ewigkeit und Abfall einer größeren Sonne?

Und die Wonnen der Vernichtung, die uns dieser Krieg wie nichts zuvor hat kosten lassen, ergreifen uns im Angesicht der hochgebauten Stadt, die, ein sonderbares Gemisch aus Schmutz und Schönheit, an uns vorübertreibt. Wie wir an ihr!

MARKTPLATZ IN BIALYSTOK

Köstliches Wahrzeichen von Bialystok! Du alter Uhrturm mit deinem gemütlichen grünspanigen kupfernen Zwiebelkopf, an dem ein paar Drähte herunterhängen. Ist es eine „Funkenstation", eine neumodische Einrichtung, mit der man dich, altes Haus, geschmückt hat? Zum Zeichen, daß du dich trotz deiner Jahre auch noch plagen und wie ein jeder heutzutage auf deinem Posten stehen und Dienst machen mußt? Ach nein, es ist uraltes, zu Feuersignalen bestimmtes Gedräht, genau so patiniert wie dein bemostes Haupt, und kennzeichnet dich wie eine Warze oder sonst ein Auswuchs, mit dem uns das Alter, ohne daß wir es wollen, dekoriert. Aber du kümmerst dich nicht weiter darum. Du gibst nach wie vor wie ein langgedienter Angestellter, auf den man sich fest verlassen kann, laut und entschieden deine Befehle von dir: Die Glockenschläge, mit denen du die Zeit hier einteilst. Auf daß der Geschäftige unten auf dem Markt sich weiterspute und der Träumende an der Straßenecke bei dem tiefen Baß deiner erzenen Stimme, die dem Gesang von Popen gleicht, fortgrübele: „Wem ist die Zeit wie Ewigkeit und Ewigkeit wie diese Zeit, der ist befreit von allem Leid!"

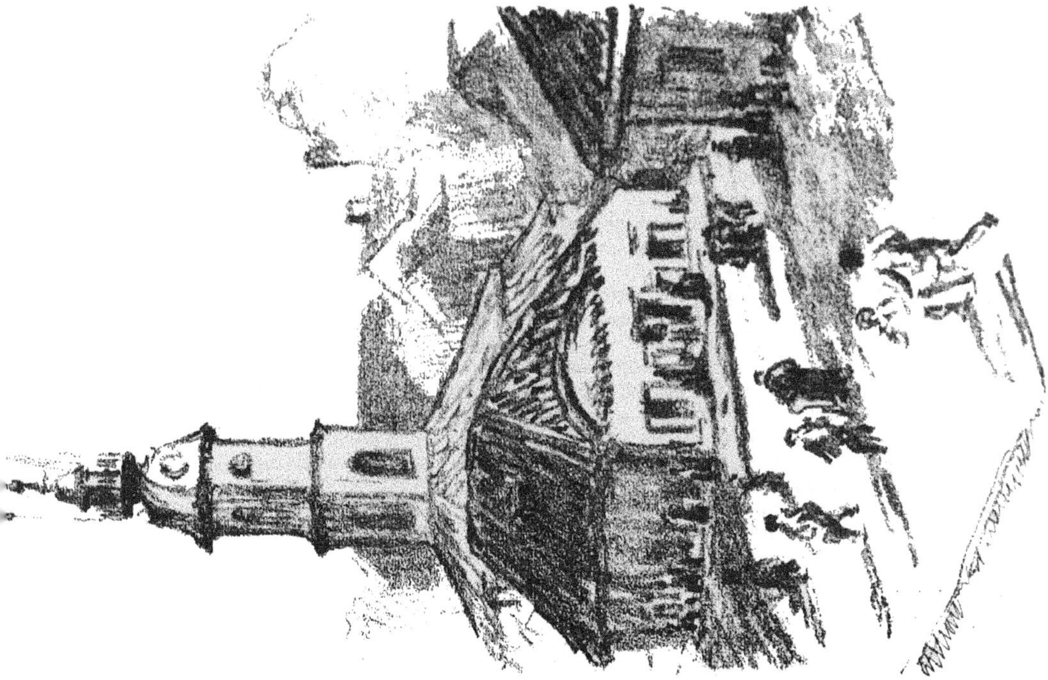

JÜDISCHER MAURER

„Ich bin Schmerl, der Muler. Ich kann malen, mauern und tünchen. Was soll ich Euch sonst noch von meinem Leben erzählen? Meine Frau ist mir gestorben im Krieg. Meine drei Söhne sind bei der russischen Armee. Ob gefallen, ob gefangen, ich weiß es nicht. Gott geb', daß sie nur gefangen sind! Meine älteren Töchter sind in Wilna verblieben. Und meine Jüngste führt mir den Haushalt hier. Die Russen sind gekommen und haben uns gesagt: „In vierundzwanzig Stunden müßt Ihr aus Kowno sein. Wer morgen Nachmittag nach vier Uhr noch angetroffen wird, wird totgeschossen."

„Hab' ich drei leibliche Söhne bei Eurer Armee stehen", hab' ich gesagt.

„Kannst Du darum nicht für die verdammten Deutschen Spionagedienste tun?" hat es geheißen.

„So wahr ich meine Kinder liebe, hab' ich nie einen Deutschen gesehen", hab' ich beschworen.

„Ihr verfluchten Juden seid alle selber halbe Deutsche", hat man mich angeschrieen.

„Meine Frau ist schwanger im achten Monat", hab' ich wieder gesagt. „Sie kann sterben mitsamt dem Kind auf der Flucht."

„Schon recht! So sind zwei Juden weniger auf der Welt!" haben sie mich ausgelacht. Also sind wir abgezogen in vierundzwanzig Stunden: Greise, Kranke, Schwangere, Kinder, Tolle, Säuglinge. Alles durcheinander. Wie ein Rudel Hunde, die man einfängt und verjagt. Eso viel Jammer ist noch nicht dagewesen auf der Welt. Was uns unsere Lehrer erzählt haben von der Austreibung unseres Volkes aus Spanien in früheren Jahrhunderten, ist ein Kinderspiel gewesen gegen die Schrecken und die Verzweiflung, die wir durchgemacht haben. Und wenn ich tausend Jahre alt würde, das könnt' ich den Russen nie vergessen, was sie uns angetan haben!"

Und Schmerl, der Muler, weint, und seine Tränen tropfen in die Lehmspeise, und er streicht und schmiert mit seinen Tränen die Wände zu neuen Häusern.

OBSTERNTE IN OBER-OST

Puschkin erzählt einmal, daß auf seinem Gut die jungen Mädchen, die Obst zu pflücken hatten, angehalten waren, dabei laut zu singen, um zu verhindern, daß sie die Früchte in ihren eigenen Mund sammelten. Dem Landstürmer hier brauchte man ein solches Gebot nicht zu geben. Er raucht seine Pfeife und holt hurtig eine Frucht nach der anderen von den fremden Bäumen herunter. Er denkt dabei an die daheim, die England verhungern lassen will und legt hohnlächelnd einen Korb nach dem andern voll. Er weiß, daß sich die Verwaltung von Ob. Ost, wozu sie schon durch ihren abgekürzten Namen verpflichtet ist — den Kalauer kann sich keiner schmunzelnd verkneifen — für die Obsternte im besetzten Gebiet ganz besonders anteilnehmend gezeigt hat und sieht den Grund nicht ein, warum er sich in diesem Punkt nicht zum Besten der Heimat nach „oben" beliebt machen soll. Ja, er malt sich, emsig weiterpflückend, noch zu seiner besonderen Freude, in seinen Gedanken aus, wie dieser rotbäckige Apfel, den er besonders behutsam zu den andern legt, vielleicht in den Schnabel seiner Jüngsten geraten wird. Wie fröhlich werden ihre kleinen weißen Milchzähne durch die Schale, die so rot ist wie ihre eigenen Wangen, hindurchhauen. „Beiß nur zu!" brummt er. „Den hat Dir Vadding aus Rußland geschickt."

MORGEN IM PARK

Welker Duft weht von dem Weiher,
Stolz und lautlos kreist ein Schwan,
Busch und Insel steh'n im Schleier,
Ohne Ruder schläft ein Kahn.

Alle Vögel sind verflogen,
Keine Seele löst das Boot,
Frierend kräuseln sich die Wogen,
Als wär' alles stumm und tot.

Nur der Tau sinkt von den Zweigen
Und verperlt im feuchten Gras,
Die Natur in grauem Schweigen
Weint um uns ohn' Unterlass.

UNTERSTAND AN DER KURLÄNDISCHEN FRONT

Ganz komische Aufschriften findet man zuweilen an den Bauten, die unsere feldgrauen Soldaten draußen aus wuchtigem Tannen- oder leichtem weißen Birkenholz aufgezimmert haben. „Warenhaus Ost“ las ich einmal an einem Depot für allerhand Gebrauchsgegenstände bei Uzjany, und „Admiralsgartenbad“ stand an einem Bächlein vor einer kleinen Schwimmbude, in der man seine Kleider aufhängen konnte, ehe man sich in die Fluten stürzte. Noch erfinderischer und lustiger ist man zuweilen bei der Benennung von Unterständen gewesen. „Villa Frieden“ oder „Waldesruh'“ heißen oft solche Bauten, die mitten im feindlichen Feuer liegen. Und ein fröhlicher Kumpan hatte seine besonders den Granaten ausgesetzte Baude stolz „Schloß Sanssouci“ genannt. Dies hier ist das Waldhotel, in dem dreißig Leute schlafen können, und zehn es gemütlich haben, wenn eine Nacht sie hier auf mitgebrachten Lagerstätten zusammenbringt. Ein Beschwerdebuch wird hier nicht geführt. Nur ein Fremdenbuch hat eine Zeitlang aufgelegen, in dem kunterbunter und durcheinander Verse und Sprüche und geistvolle und geistlose Bemerkungen wie eine gemischte Gesellschaft zusammenstanden. Eine Strophe, die beste, lautete folgendermaßen:

Nun ruhen alle Wälder,
Vieh, Menschen, Städt' und Felder,
Es ruh't die ganze Welt.
Ich denke an die Meinen,
Ein Sternlein tut mir scheinen
Durch's Dach, das mich erhellt.

BEOBACHTUNGSPOSTEN IN KURLAND

Man könnte ein besonderes Kapitel über die Bedeutung des menschlichen Auges in diesem Krieg schreiben. Wahrhaftig! Das gäb' einen der lesenswertesten Aufsätze unter den zahllosen Flugschriften, die unter dem Titel „Der Krieg und —" auf dem Büchermarkt erschienen sind, der Aufsatz: Der Krieg und das Auge. Namentlich die Großstädter unter den Soldaten, die im taghellen Schein der elektrischen Lampen um Mitternacht sich wie um Mittag nach Hause fanden, wußten gar nicht mehr, welch eine wichtige Rolle das Auge als Sinneswerkzeug hat. Sie brauchten es vor allem nur mehr zum Lesen und Schreiben. Beim Gehen auf den gesicherten Bürgersteigen der Städte war es kaum noch nötig. Jedenfalls mußte man es nicht anspannen. Aber wieviele haben draußen im Kriege wieder ihre Augen spitzen müssen wie die Tiere des Waldes. Die scharfen Sinne der Indianer, die wir als Knaben in den Erzählungen von Lederstrumpf, vom Wildtöter und Waldläufer preisen hörten, sind manch einem Feldgrauen draußen wieder angewachsen. Ja, selbst bei Nacht galt es oft hellsichtig wie die Eulen zu sein und scharfhörig dazu wie der Iltis. Besonders auf den erhöhten Beobachtungsposten haben sich viele die Augen ausgespäht. In Kurland waren diese Standorte zuweilen schon durch die hölzernen Feuertürme gegeben, die dort bei fast allen Siedelungen stehen. Von ihnen aus wurde früher ein Waldbrand gesichtet, der sich rauchend über dieses dünn bevölkerte Land heranwälzte, das selbst dem Gerücht, dem tausendzüngigen, keine schnelle Stimme geben konnte. Wo diese Feuertürme fehlten, da wurde schnell aus Bohlen und Brettern ein luftiger Steig gezimmert. Auf der schmalen Hühnerleiter kroch der Beobachter hinauf, um von diesem Luginsland nach den Bewegungen des Feindes auszuspähen. So hat mancher, wie ein Adler oben in seinem Nest horstend und ausschauend, Wochen und Monate im Kriege verlebt, ein Nachbar der Sonne, ein Bruder den Wolken. Und ist sich wie Lynkeus, der Türmer im „Faust", vorgekommen, dessen Verse man sich oft, die Langeweile zu bannen, vorgesprochen hat: „Zum Sehen geboren, zum Schauen bestellt". . . .

MARKTPLATZ VON SCHAULEN

Ich weiß nicht, warum ich beim Anblick von Schaulen, und im Umherwandeln durch diese tote Stadt, die vom Krieg noch weit mehr mitgenommen worden ist als Löwen, das vielbeklagte, stets an Herrn Frenckel denken mußte. „Der Frenckel", wie die paar Dutzend Bewohner von Schaulen, die von der Bevölkerung übrig geblieben sind, ihn nennen, war der reichste Mann der Stadt, ein weitblickender jüdischer Lederhändler, dem Schaulen seinen ganzen großen Wohlstand während des Friedens zu verdanken hatte. Was Krupp für Essen ist, das bedeutete der Name und die Persönlichkeit „Frenckel" für Schaulen. Nun haben die Russen ihn, als sie zum zweitenmal in die zerschossene und verbrannte Stadt eindrangen, die wie ein Mäuschen zwischen den Tatzen zweier Katzen zerrissen worden ist, mitgenommen. Nach Sibirien heißt es, oder wer weiß wohin. Sein üppiges von deutschen Baumeistern und Handwerkern aufgebautes steinernes Haus ist dank einer hohen Abschlagssumme, die, wie man erzählt, von Frenckel an die Kosaken gezahlt wurde, stehen geblieben. Fast das einzige größere Bauwerk außer der hohen spitztürmigen katholischen Kirche, das in Schaulen nicht dem Feuer zum Opfer gefallen ist. Einsam in seiner Pracht ragt es nun aus dem Schutt der straßenweise verbrannten und zerschossenen Häuser von Schaulen wie ein reicher Mann unter lauter Bettlern. Man hat eine Unterkunft für Offiziere aus dem Hause gemacht. Und auf seiner Terrasse, die auf den flachen schwermütigen See von Schaulen blickt, hört man morgens zur Frühstückszeit Begrüßungs- und Abschiedsworte von Offizieren, die zur Front oder von der Front zum Urlaub hasten. Die dreistöckigen Fabrikräume, die um die Villa des reichen Herrn und immer unter seinem Auge standen, ruhen leer und verlassen da. Sonst sieht man nichts wie Trümmerhaufen in Schaulen, auf deren schwarzen Rändern abends zahlreiche Dohlen wie eine dunkle geisterhafte Zierleiste hocken. Der mächtige Mann, der einst dieser Stadt gebot und sie mit Leben erfüllte, ist verschwunden. Man entsinnt sich, über sein Schicksal und den ganzen Krieg nachgrübelnd, jener Hebelschen Anekdote von dem reichen Mann in Holland, die uns alle als Kinder, da wir sie im Lesebuch fanden, eigentümlich traurig berührte: „Armer Kanitverstan!"

BLICK AUF MITAU

Laß dir einen Kranz flechten, liebe kleine kurländisch deutsche Stadt! Keinen schweren ernsten aus Lorbeer oder Palmenreisern. Sondern einen niedlichen frischen aus Binsengras, aus weißen Anemonen und gelben Sumpfdotterblumen, wie sie im Frühling auf den Wiesen deiner ländlichen Umgebung blühen. An dem feuchten Ranft der vielen Wässerchen, die bei der Schneeschmelze entstehen, und dann der Aa, deinem Strom, wie sanfte Kinder der Mutter zueilen. Und auch das Lieblingsblümchen der schwärmerisch Verliebten, das blaue Vergißmeinnicht, soll nicht bei dem Kranze zu deinen Ehren fehlen.

Du gleichst aufs Tüpfelchen einer kleinen Stadt in unserem Deutschland, trotzdem du hoch oben in Kurland liegst und seit mehr als einem Jahrhundert schon russische Satrapen in deinem Schloß beherbergen mußtest, in dem einst deine deutschen Herzöge ruhmreich regierten. Du bist eine echte deutsche Kleinstadt geblieben, in die ein Spitzweg sich blind verlieben könnte. Mit einem starken Stich ins Holländische, wie man feststellen muß, selbst wenn man nicht nach Aehnlichkeiten sucht. Steht man auf der Aabrücke und sieht man den Strom herunter, wie er breit mit niederländischer Ruhe und Behaglichkeit durch die grünen satten Wiesen treibt, nicht von der kleinsten Erhöhung und Gemütswallung mehr in seinem Laufe erregt, so muß man an Holland denken. Noch mehr tut man es an dem moosigen verschlafenen Kanal, der zwischen stillen Linden seit Herzog Jakobs Zeiten die Hauptstadt seines geliebten „Gottesländchens“ Kurland durchquert.

Immer wieder überrascht einen der urdeutsche Eindruck der deutschen Stadt: mit ihrem Rathaus, über dessen Eingangstür zwei goldene Löwen mit gesträubten Schweifen knurren, und mit den vielen Holz- und Fachwerkhäusern, die an Thüringen oder das bergische Land der Rheinprovinz erinnern. Porzellanschilder hängen an den Häusern, auf denen nur deutsche Namen stehen, wie Friedrichs, Zimmermann, Reuter, Sievert, Conradi, Woldemar, Grunau, Jeschmann. Das sind ein paar Namen der letzten Bürgermeister, Ratsherren und Sekretäre aus der Stadtverwaltung von Mitau, zur Zeit der Auflösung ihrer Selbständigkeit anno 1889, seitdem der Deutschenhasser Alexander III. ganz Kurland von russischen Tschinowniks regieren ließ.

Man ist in Deutschland und fühlt sich in Deutschland mit jedem Schritt, den man in Mitau tut.

Es ist urdeutsch geblieben im Kleinsten wie im Größten. Man merkt es im Museum wie im Vereinshaus, in der Gaststube wie auf dem Marktplatz. Allüberall. Eine echte deutsche Kleinstadt. Mit ihren lieben vielen und schnurrigen Sonderlingen, mit ihrer Geselligkeit, mit ihrem Klatsch, mit ihrem Bildungsbedürfnis und mit ihrer Stadtpolitik.

So blühst du, liebe, kleine, kurländische Stadt ganz im Geiste und Sinne deines germanischen Mutterlandes. Du hast in der ganzen Zeit, da du von uns getrennt warst, dein Haupt immer nach Deutschland gehalten, wie der Heliotrop, der in der Sommerzeit auf deinen Blumenbänken an deinen Häusern duftet, sich der Sonne zuneigt. Dir ist alles Licht und alle Wärme nur von Deutschland gekommen, und du hast es stets dankbar zurückgestrahlt. Niemals ist es dir überhaupt nur in den Sinn gekommen, mit dem Moskowiter zu tändeln. Und das Beste, was wir von dir sagen können, sind die Worte, die ein alter tauber Balte in diesen Tagen sprach, als man ihm in die Ohren schrie, daß Deutschland vermutlich Mitau annektieren wollte: „Ach was! Das wäre ja recht schön! Aber zu annektieren braucht uns Deutschland nicht mehr: Wir sind ohnedem schon deutsch!“

MARKTPLATZ IN MITAU

Auf diesem großen alten Marktplatz ist ein Mühlenstauteich, in dem der Herzog-Jakobs-Kanal endigt, bevor er sich mit der Aa vereinigt. In diesem Teich wurden ehedem in der Biedermeierzeit am Samstag Abend, wenn die Menschheit stärkeres Reinlichkeitsbedürfnis als sonst empfindet, die Kutschen von Mitau gesäubert. Alle möglichen altertümlichen Vehikel wurden dann in diesen Jungbrunnen getaucht, um am Sonntag Morgen so neu und frisch wie möglich den Herrn Baron und die Frau Baronin nebst dero Töchtern den Baronessen zur Trinitatiskirche zu fahren. Die jungen Herren Söhne pflegten sich hier wie allerorts gern um diese fromme Pflicht herumzudrücken und lieber an dem freien Tag die Stunden bis zur Promenadenzeit im molligen Bett zuzubringen. Heut gluckst und murmelt der Mühlenteich am Marktplatz der kleinen Stadt wie ein einsamer Greis allerhand unverständliche Monologe in sich hinein. Er hat zu vielerlei Großes in der letzten Zeit erlebt. Das hat ihn ganz aus seiner behaglichen ehemaligen kleinbürgerlichen Ruhe gebracht: Erst die Aufregung der abziehenden Russen, die, kurz bevor sie aus Mitau fliehen mußten, noch die Juden aus der Stadt hinausjagten. Binnen vierundzwanzig Stunden hatte sich ganz Israel, einerlei, ob krank, alt, schwanger oder schwach, auf die Wiesen an der Aa jenseits der Stadt zu begeben. Mochten sie dort sterben oder warten, bis die Schiffe, die ihnen ihre Glaubensgenossen aus Riga zu Hilfe sandten, sie mit sich nahmen. Grade wollte man die deutschen Einwohner der Stadt Mitau nach dem gleichen grausamen, mehr als mittelalterlichen Verfahren ausweisen. Man fand schon den Befehl hierzu unterschrieben auf dem Pult des russischen Gouverneurs im Schlosse liegen. Da rückten von Westen die deutschen Krieger ihren hart bedrängten baltischen Brüdern und Schwestern zu Hilfe.

Nun hört der Mühlenteich kein russisches Wort mehr. Die Leute, die an ihm vorbei über den Marktplatz wandern, reden alle die gleiche Sprache, die er seit jeher von den Baronen Medem, von der Recke, Nolde, Keyserling, Grotthuß und Schlippenbach zu hören gewohnt ist. Dabei beruhigt er sich allmählich und spuckt ärgerlich die letzte Erinnerung an die Russen von sich: Die Bruchstücke einer Nagaika, die ein Kosakenrittmeister beim Abzug in den Teich geworfen hat, nachdem er sie auf dem Rücken seiner Leute und Pferde, die nicht mehr hier bleiben wollten, in Fetzen zerprügelt hatte.

UFERSTRASSE IN MITAU

Als Ludwig der Achtzehnte, König von Frankreich, während seiner Verbannung als Gast des Zaren Paul von Rußland zum ersten Mal nach Mitau kam, gefiel ihm nichts so sehr wie die Uferstraße an der Drixe. Die stolzen steinernen Paläste der kurischen Edelleute, die sich in dem sanften, kaum sich bewegenden Flüßchen widerspiegeln, stachen ihn aufs angenehmste in die Augen. Besonders das von dem berühmten italienischen Architekten Graf Rastrelli, von dem auch die Pläne zum Schloß in Mitau wie zum Winterpalast in Petersburg stammen, erbaute Palais Medem hatte es ihm angetan. Er hätte gar zu gern statt des schön geschlungenen schmiedeeisernen „M", das oben von dem Balkon des Palais herunterprangt, sein „L" hingesetzt. Aber da es ihm meist am nötigsten Mittel, sich das Leben schön zu machen, am Gelde fehlte, so mußte er es vorziehen, mietweise, das heißt umsonst, in dem weiten ungemütlichen herzoglich kurländischen Schloß zu wohnen, das ihm der Zar zur Verfügung gestellt hatte, statt wie ein freier Eigentümer in dem vornehmen behaglichen Palast der Grafen von Medem zu hausen. Trotzdem wurde er nicht müde, den Blick auf die bewegte Aa, den er von seinem Schloß genoß, weit weniger hübsch zu finden als den auf die stille Drixe.

Als er einmal wieder auf einem Besuch im Palais Medem — er ließ sich, nebenbei bemerkt, wie alle verbannten Fürsten stets sehr gern einladen — darauf kam, wie gern er hier Wohnung nehmen würde, sagte ihm die damalige Gräfin Medem, eine sehr resolute Dame, voll Stolz:

„Sire! Dann hätten sie als Graf Medem und nicht nur als König auf die Welt kommen sollen."

RATHAUS IN MITAU

Bei jedem denkwürdigen frohen vaterländischen Ereignis für Deutschland sah man während des Krieges die schwarz-weiß-rote Fahne aus dem alten Rathaus von Mitau hängen. Der schwarze Mauritius auf der Wetterfahne des Rathauses hielt dann sein Fähnlein stolz in den Himmel und grüßte zu der Trinitatiskirche hinüber, die ihren Turm wie einen schön gespitzten Bleistift hoch hält.

Sie brauchten beide ihre echte deutsche Gesinnung nicht mehr zu unterdrücken, der Rathaus- und der Kirchturm von Mitau. So wenig wie die baltischen Einwohner der Stadt nun damit hinter dem Berge halten mußten, die als abgetrennte Glieder des deutschen Reiches und Volkes zu allen Zeiten und besonders bei Beginn des Krieges unter ihrem tiefen Mitempfinden für uns und unsere Sache bitter zu leiden hatten. Am stärksten ist dies für mein Gefühl in einem Gedicht ausgedrückt, dessen Verfasser oder Verfasserin wie bei den alten Volksliedern keiner kennt. Es durfte nicht gedruckt werden, sondern wurde nur handschriftlich, wie vor hundert Jahren ein Aufruf oder ein Kriegslied, unter den Anhängern des Tugendbundes im zerstückelten Preußen heimlich und mit Lebensgefahr herumgereicht. Obgleich es manch einer und manch eine schon gelesen haben wird, finde es dennoch hier nochmals seinen Platz, weil es zu den edelsten Tränen gehört, die in diesem unsäglich traurigen Krieg vergossen sind. Es heißt „Baltische Mütter" und lautet also:

„Wer ist so stolz wie wir in der Welt?"
So sprecht Ihr, deutsche Frauen,
„Unsere Söhne zogen hinaus ins Feld
Aus allen deutschen Gauen,
Zu singen, zu sterben, wie Gott es will."
Ja, — Ihr seid tapfer und duldet still.
Ihr tragt es für Eures Landes Ehr',
Und dennoch, — dennoch — wir tragen mehr.
Daß Gott uns gnädig sei,
Uns're Söhne sind nicht dabei.

Uns're Söhne, die führen in Waffen und Wehr
Gegen Euch asiatische Horden,
Uns're Söhne, die müssen im Russenheer
Ihre Stammesbrüder morden.
Und während sie opfern ihr ehrlich Blut,
Verfolgt uns alle hier Haß und Wut.
Sie nehmen uns Ehre und Recht und Sprach'.
Wer hilft uns Balten? Wer tilgt die Schmach?
Wer hört unsern Schmerzensschrei?
Uns're Söhne sind nicht dabei.

Ihr sehet im Geiste die Krieger schon,
Die lorbeergekrönten Helden.
Ihr hört der jubelnden Glocken Ton,

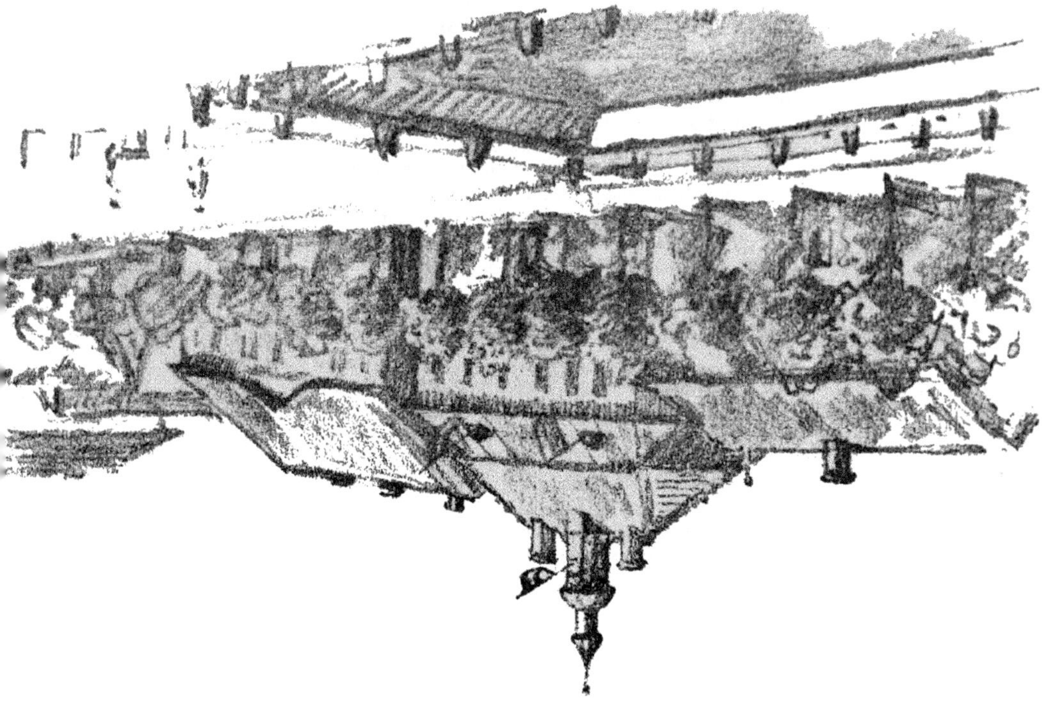

SCHLOSS ALT-AUTZ

Wollt Ihr Kurland und die Kurländer kennen lernen, lest die Romane von Panthenius oder von Karl Worms, und zwischendurch ein paar Gedichte von Grotthuß oder eine zarte Novelle des Baron von Keyserling, der seit langem schon in München lebt, aber in dem sich noch immer die Natur seines baltischen Heimatlandes und jener Menschen widerspiegelt! Die gerade, zuweilen gar grobe Art der männlichen Herren in diesem Lande, der berühmten baltischen Barone, wirkt hier, im Bild und im Gleichnis aufgefangen, vielleicht noch stärker als jetzt im wirklichen Leben, das durch die Schrecken und Wirren des Krieges seine verfinsternden Schatten auf diese stolzen Seelen geworfen hat. Auch für die adligen Frauen Kurlands gilt dies, die wie ein zartes Reis, das man in fremdes Land gepflanzt hat, leicht etwas Kränkelndes, Überempfindliches und Reizsames in ihrem Wesen haben, was stellenweise noch durch Inzucht gesteigert worden ist. Soweit man überhaupt derlei feine Züge ins Allgemeine wenden darf.

Dies Schloß hier, in dem seit Jahrhunderten adlige Männer und Frauen gehaust haben und in dessen Nähe Elisa von der Recke, die berühmteste Kurländerin, aufgewachsen ist, hat stark vom Kriege gelitten. Man sieht es auf der Zeichnung nicht, weil der Künstler es wie eine ältere vornehme Dame von seiner vorteilhaftesten Seite aufgenommen hat. Aber wenn man um den Schloßturm herumgehen würde, so sähe man, wie eine schwere Granate einen bösen Riß in den hinteren Flügel gerissen hat. Als wenn es in Dorpat auf der Mensur gewesen wäre und hätte eine böse Abfuhr bekommen. Doch bleiben wir vorn vor ihm stehen und vergessen wir seine Kehrseite. Hier ist ihm nichts widerfahren. Nur ein paar Sprünge und Runzeln hat es bekommen und die wilden Tauben, die oben zwischen den Zinnen und im Turmzimmer nisten, haben sich wie das Unkraut im Park vermehrt. Die Wetterfahne, die nicht mehr geschmiert wird, seufzt, im Wind sich drehend, über den Krieg. „Ganz wie ich!" denkt der Schloßbesitzer und trägt lächelnd das Unvermeidliche mit Würde weiter.

SCHLOSS NEUENBURG

Hier hat Elisa von der Recke, jene liebevollste empfindsamste unter den schönen Seelen des achtzehnten Jahrhunderts gelebt, geliebt und gelitten. Von der Turmkammer des Schlosses hat sie hinausgeschaut und in den Gebilden der leuchtenden weißen und blauen Wolken, die an Kurlands Himmel vorüberziehen, das Elysium gesucht, das ihr die Erde, die Ehe mit einem harten, launischen, andere gern quälenden Mann nicht bot. Dort in den Büschen des heute verwilderten und verwachsenen Parks hat sie gesessen und dem Flöten der sanften Nachtigall oder dem Donner und Sturm eines entfernten Gewitters gelauscht. An dem Bach, der jetzt noch über große grün bemoste Steine rieselt, hinter der Mühle hat sie in einer künstlich gebildeten Grotte Klopstocks Oden, Kleists „Frühling", Wielands „Agathon" und Goethes „Werther", über dem sie sich gern ausweinte, gelesen und des kalten Gatten gedenkend, den Seufzer den Lüften anvertraut, der sich ihr schon als Braut entpreßte: „Sind wir Weiber denn nur ein Stück Fleisch? Haben wir nicht auch eine Seele?"

In den weiten Räumen des Schlosses, die uns gar nicht mehr öd und wüst erscheinen wollen wie einst ihr, die sich in ihnen stets wie in einem verwunschenen Hause fürchtete, wohnt heute der Baron Wilhelm von der Recke, ihr Urgroßneffe, der gleich ihr ganz in deutscher Literatur und Kunst wurzelt. Daher kommt es, daß man sich wie daheim fühlt auf diesem kurländischen Schloß, dessen kostbares Innere mit seinen vielen Erinnerungen leider in der russischen Revolution in Brand gesteckt, aber dann von seinen Besitzern aus den dicken Grundmauern, die stehen geblieben waren, wieder genau wie es war, aufgebaut worden ist. Auch die überdachte steinerne Treppe in dem düsteren Schloßhof ist erhalten, die einst die Ritter von der Recke rüstungumklirrt hinaufstampften, und die Elisas scheuer zarter Mädchenfuß zögernd betrat, indes schwere bange Ahnungen ihre lebhafte Einbildungskraft durchzogen, die ihr nach eigenem Bekenntnis die Dinge und Menschen ihrer Umwelt „bald verteufelte, bald verengelte." Geheimnisvolle Gänge durchziehen das Schloß wie alte fast versunkene Erinnerungen unsere Seele, dies „Gut des Himmels", das wir, wie Elisa, deren Briefe nicht minder reizvoll sind als die von Madame de Sévigné, einmal an den Pfarrer der alten Kirche neben dem Herrenhaus von Neuenburg schrieb, „mit all unseren Kräften rein erhalten müssen vor den Mächten des Bösen."

SCHLOSS EDWAHLEN

„Auf meinen Reisen durch Kurland", so pflegte der alte Baron von Münchhausen zu schwindeln, „war ich auch einmal im Schloß Edwahlen zu Gast. Ein prächtiger Edelsitz! Unweit von Goldingen. Jawohl, da droben irgendwo, meine Herren. Hatte einst den Bischöfen von Pilten im Kurischen gehört. Seit hundert Jahren machte sich das Geschlecht der Freiherrn von Behr darauf breit. Ich habe mit dem Baron von Behr ewige Freundschaft wegen einer Wette geschlossen, die ich gewonnen habe. Natürlich! Ihm waren von seinem Vater zwei Fässer feinsten Rotweins aus den bischöflichen Kellereien überkommen. Bestimmung: Bei besonders festlichen Ereignissen zu trinken. Solch eines war mit meinem Besuch gegeben. Aber um den Inhalt der beiden Fässer nicht geistlos herunterzuspülen, wetteten wir dabei, wer mit seinem Faß zuletzt zu Ende käme, müsse dem andern für einen Tag seinen Zopf verleihen. Ich gab ihm fünfzehn Humpen vor und erledigte dann mein Faß in Zeit von einer knappen halben Stunde. Der alte Baron von Saß war Schiedsrichter. Er machte die Nagelprobe. Nur noch dicker Satz kam aus meinem Faß zum Vorschein. Der Freiherr von Behr, der mit seinem noch nicht zur Hälfte gediehen war, zog brummend seinen Zopf vom Kopf und überreichte mir diese seine Krone zum Zeichen meines Sieges.

Ich wackelte die Treppe herauf. Kutschiert da, wie ich auf mein Zimmer komme, mein Nachttisch leibhaftig um mein Bett herum. Der alte Baron von Saß, ein Freund von lustigen Streichen, hatte indes, mich zu erschrecken, einen Fuchs in den Nachttisch gesperrt, der nun mit dem Ding kreuz und quer durch die Stube herumfuhr. Ich hole mir, um den kleinen Rausch, den ich sitzen hatte, zu vertreiben, Meister Reineke hervor und dressiere das unbändige Tier in kurzer Zeit derart, daß es mit dem Zopf des Freiherrn von Behr im Maul die Treppe heruntersteigt und das Anhängsel seinem Eigentümer zurückbringt, wobei er auf den Hinterbeinen stehend seine beiden Vorderpfoten zierlich von sich hält, nicht anders wie ein Pudel, der apportieren muß.

Seitdem sind wir die besten Freunde geworden, der Baron von Behr und ich. Denn alles kann ein Kurländer vertragen. Nur, daß einer mehr verträgt als er, das kann er nicht vertragen."

BURGRUINE DOBLEN

Krähenumflattert steht sie da auf kleiner nach einer Seite hart abfallenden Anhöhe. Die Behrse heißt das Flüßchen, das sie in einer niedlichen Schleife umzieht. Der Name klingt uns deutsch anheimelnd wie die meisten Bezeichnungen in Kurland in die Ohren: „Die Behrse!"

Ich schlage mein Notizbuch auf und lese nach, was ich mir gestern, unter einer Weide am Abhang sitzend, das Papier auf mein Knie gestützt, über die Burgruine Doblen aufgeschrieben habe: „Altes Gemäuer aus Wackersteinen. An einer Seite hohe Kirchenüberreste. Aus der Zeit Gotthard Kettlers, des Stammvaters der Herzöge von Kurland. (Unterrichte Dich über Kurlands Geschichte im Konversationslexikon!) Oede Fensterhöhlen. Weites Innere der Ruine. Grasplatz. Von zerbrochenen Mauern umzogen. Ein verfallener Brunnen. Ein erhöhter Platz; vermutlich die Richtstätte. Von den Trümmern Blick durch die Ellern und Weiden auf den Flecken Doblen. Die roten Dächer der Häuser schimmern durch das Grün. Die lettische Kirche des Ortes. Mit weiß getünchtem Turm. Farbe da und dort abgeblättert. Ein Sumpf auf der andern Seite der Ruine. Von grünem Moor wie mit Samt überzogen. Rote Vogelbeerbüsche. Ein verwildertes Beet von Rhododendren. Rosengesträuch, Ueberbleibsel des einstigen Burggartens."

Das grüne Blatt, das ich mir gestern dort abgepflückt habe, blickt mich gepreßt und schon vergilbend zwischen meinen Notizen an. In jenen Burgruinen haben einst Deutschritter gehaust. Die hohen kahlen Mauern, an denen heute das traurige Krächzen der Krähen herabtönt, haben von ihrem Lachen und Zechen widergehallt. Nichts ist von ihnen geblieben als diese Trümmer und hier und da noch ein paar alte verrostete Rüstungen, die man in den Schlössern der baltischen Barone findet oder an den Wänden neben dem Altar in den lettischen Kirchen. Nur in den Winternächten, wenn man bei uns in den Dörfern den wilden Jäger im Sturmwind einherbrausen hört, glaubt das Volk in Kurland noch sie als Geister in der Luft zu vernehmen. Dann raunt auf einsamen Gesinden frierend ein Bauer dem andern zu: „Hörst Du, wie es heult! Die Deutschritter gehen um!"

Tag. Eine laue Brise von der Ostsee. Blendender Sonnenglanz. Am leuchtenden weißen Strand rollen die Wogen. Eine erhabene Melodie. Das Meer denkt. Wie eine steinerne Ballade liegt Libau an der Küste. Der Leuchtturm. Die unfertige russische Kathedrale, vom verfallenden Holzgerüst umkleidet — ein Sinnbild des zusammenbröckelnden Riesenreiches. In der Ferne der graue steinerne Turm der Trinitatiskirche.

Vor dem Kurhaus ertönt Militärmusik. Parademarsch. Eine Kompagnie Infanterie umsäumt den Platz vor dem Kurhaus. In der Mitte ragen vier Stangen mit langen, gleich großen Schlangenzungen auf und ab wallenden schwarz-weiß-roten Fahnen und umwunden mit Tannengrün. Sie halten die Segeltücher, die das Denkmal verdecken, das gleich enthüllt werden soll. Zur Erinnerung an die Einnahme von Libau durch das deutsche Heer. Heute vor einem Jahr. Marinetruppen rücken an. Mit wuchtigen stolzen Schritten. „Denn wir waren auch dabei," klingt es. Von der „Augsburg" kommen sie, dem Schiff, das, den Krieg mit rauher Fanfare beginnend, damals die ersten Schüsse nach Libau entsandte. Mit einem Hoch auf den Kaiser und unter dem Hurra der Soldaten sinkt die Hülle um den Sockel, auf dem in Bronze der deutsche Adler seine mächtigen Flügel breitet.

Was ist das? Riesiger als er flattern große schwärzliche Vögel heran und werfen ihre Schatten auf den Boden. Unsere Flieger! Ganz dicht über dem Platz tauchen sie nieder. Wie zur Huldigung vor des Reiches Aar. Gleich den Kurfürsten Deutschlands, die einst geschäftig den Herrscher der Welt umstanden. Sie schwirren hin und her, als hätte das Vaterland sie abgesandt, sich die Feier zu betrachten und die neue Stadt zu begrüßen. Jetzt steigen sie wieder empor. Und das Rattern der Propeller mischt sich mit dem Lärm der Menge, die sich auflöst und im Takt der Musik der Soldaten marschiert, die vom Festplatz abziehen.

Unvergeßlicher Maienabend. Da man am Meer stand, das langsam dunkel wurde, und der Atem des Meeres sanfter wurde und die Wellen nur mehr leise wie ein Wiegenlied ans Ufer schlugen. Die Soldaten und Bewohner von Libau, die am Strande wandelten und den Salzduft der See genossen, sahen ganz winzig gegen das Meer aus. Aller Augen aber schauten hinaus auf einen länglichen, schwarzen Streifen, der hinten am Horizont zwischen den Abendwolken herankam. Ein Zeppelin! Auf der Heimkehr von einem Streifzug nach der Insel Runö, wo er russische Funkenanlagen zerstört hatte. Wie ein düsterer großer Vogel strebte er im Abendrot müde dem Lande zu. Oder auch wie ein Wikingerschiff, das, des Zerstörens und Mordens satt, sich nach dem Hafen und nach Ruhe sehnt.

Und es sah in der leuchtenden Ferne aus, als ob dieser gigantische Greif wie ein mächtiges Weberschiff Kurlands Geschichte mit dem Ruhm seines deutschen Stammlandes zusammenspönne.

Ja, die Deutschen haben wirklich die Luft erobert. Anders wie jener ihr Dichter Jean Paul es wollte, der die Welt in einem Triumvirat aufteilte, bei dem er den Engländern das Meer, den Franzosen die Erde und den Deutschen die Luft zusprach, ist es seinem Volk gelungen, die Herren der Lüfte zu werden. Nicht nur im Reich der Gedanken. Nein, auch im Kampffeld der Neuzeit und der Zukunft, im bislang unversehrten, ungestörten reinen Aetherraum, in dem jetzt Nation gegen Nation mit den äußersten Nadelspitzen zusammenblitzen. Auf Schwingen, wie sie einst Wieland der Schmied in unserer Sagenwelt sich erträumte, schwebte dort Germanien im Abendsonnenglanz über das Kurische Meer. Was das Kind Deutschland ersehnte, hat es in seiner Mannheit erreicht. Und der Riesenvogel, der dort, der Bernsteinküste zuflatternd, unsern Ruhm über die Meere und durch die Lüfte singt, kündet schöner als jedes Denkmal die heutige Weltmacht des oft zerstückelten und gedemütigten, nun für immer geeinigten Deutschland.

IM HAFEN VON LIBAU

Stets will ich mich der Stunde gern erinnern, die ich auf dem kleinen Kreuzer „Augsburg“ im Hafen der alten Stadt Libau verbracht habe. Und jede „Landratte“ wird sich mit mir eines solchen Besuchs dankbar entsinnen. Gleich die ersten Worte des wachhabenden Offiziers, die uns entgegenklangen: „Herzlich willkommen auf der Augsburg!“ tönten uns wie die Stimme der Heimat an. „Hier auf diesen Bohlen und Planken stehst du auf deutschem Boden. Hier bist du geborgen. Hier genießt du volles Gastrecht so lange du weilst,“ fühlt ein jeder Deutscher, der eines unserer Kriegsschiffe besuchen kann. Der freie Geist der Seeleute, die jahrelang unser Vaterland mit ihren wenigen Schiffen gegen eine weit größere und erfahrenere Macht zu verteidigen hatten, weht einem erquickend wie der Meereswind zu. Von den Männern, die für die Freiheit des Ozeans fahren und kämpfen, geht ein frischer Hauch des Herrenbewußtseins aus, der jedes Herz wie der Sturm die Fahne ergreift und zum Schwellen bringt.

Von diesem Strand aus sind einstmals die Gallionen des Herzogs Jakob, des klügsten und tätigsten Herzogs von Kurland, nach seinen beiden Kolonien in Westindien wie an der Westküste Afrikas in See gestochen. An diese Küste sind sie dann mit Indigo, Kaffee, Zuckerrohr, Gewürzen und Baumwolle beladen von dem Flusse Gambia und der Insel Tabago zurückgekehrt. Heute hat Kurland keine Kolonien mehr und die gleiche Großmacht, die es letzten Endes darum gebracht hat, England, sucht nun auch uns Deutsche unserer Ansiedelungen im Ausland zu berauben. Da ist es, als ob die Hand des alten Herzogs, der den Verlust seiner Kolonien stets wie den Tod von Kindern beklagt hat, aus seinem geliebten kurländischen Sand emporwüchse und den Schiffen der deutschen Flotte als einstiger Schwager des Großen Kurfürsten, der er gewesen ist, zuwinkte: „Haltet Euch brav, Jungens! Laßt Euch Euer Fähnlein nicht herunterholen!“

KRIEGSHAFEN VON LIBAU

Der höchste russische Festtag für Libau war im Jahre 1903, da man zur Vollendung des Ausbaues des Kriegshafens von Libau die orthodoxe Marinekathedrale einweihte, den bunten Riesenbau mit seinen Zwiebeltürmen, der heute verlassen auf dem vom Gras überwachsenen gepflasterten Platz am Hafen dasteht. Zum Zeugnis eines Glaubens, den rings die Bevölkerung, die lettische wie die deutsche, Kurlands nicht teilt, der aber immer wieder mit aller Macht und Pracht von oben den Leuten „oktroyiert" werden sollte, wie das Regierungswort lautet. Damals anno 1903 eröffneten sich die Tore des sonst durchaus unzulänglichen russischen Kriegshafens für einen Tag wenigstens einer zahlreichen eingeladenen Schar von Gästen aus der Stadt Libau, die freilich vor den hohen weltlichen und geistlichen Würdeträgern, die aus Petersburg und Moskau erschienen waren, wie Schatten und Menschen zweiter oder dritter Klasse verschwanden. Auf den Stufen zur Kathedrale stand der Episkop, der die neue Kirche einzusegnen hatte, und hielt eine Festrede, die vor allem das Andenken Alexanders III. als des erleuchteten Zaren pries, unter dessen erleuchteten Gedanken der erleuchtetste derjenige gewesen sei, an der Küste Kurlands diesen größten Kriegshafen des russischen Reiches zu errichten.

Wenige Jahre nach dieser Kirchenfeier, die den Höhe- und Schlußpunkt im Ausbau des Kriegshafens von Libau bildete, begann man den erleuchtetsten Gedanken des erleuchteten Zaren und fanatischen Deutschenhassers stark anzuzweifeln. Man bewies dem heutigen Zaren, daß im Fall eines ungünstigen Krieges mit Deutschland Stadt und Hafen Libau kaum zu halten seien und begann den weiter östlich gelegenen Kriegshafen von Reval als Hauptstützpunkt für die russische Flotte auszubauen. Der von Libau wurde von Jahr zu Jahr mehr vernachlässigt und bekam allmählich den Namen „Das Grab der Milliarden" beim Volke, weil Zar Alexander III. einen großen Teil der seinem Land von Frankreich geliehenen Gelder in dies Unternehmen versenkt hatte.

Jetzt rauchen unsere Kriegsschiffe in dem mächtigen Hafen und in den ungeheuer weiten Baulichkeiten kann sich unsere Marinelandtruppe ausdehnen wie niemals in fremden Quartieren. In der einstigen orthodoxen Kathedrale aber klingt Sonntags das Gebet für das deutsche Kriegsheer zu Wasser und zu Lande, während in der Ferne die Dampfsirenen von den Schiffen heulen, die das baltische Meer durchkreuzen, das wieder wie zur Zeit der Hansa die deutsche Flagge vor allen andern trägt.

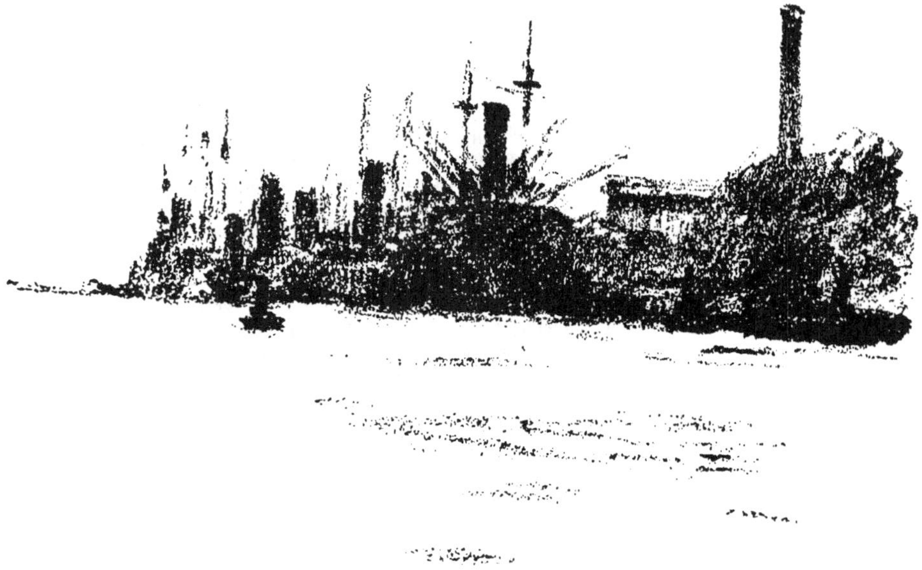

BLICK AUF GOLDINGEN

Auf der Brücke über die Windau bei Goldingen steht zu Ehren ihres Erbauers an einem Eckpfeiler zu lesen: „Dem Kurländischen Civilgouverneur Herrn Paul Lilienfeld die dankbare Stadt Goldingen. Aus Landes Praestanden erbaut in den Jahren 1873 und 74." Man sieht von dieser Brücke, von der man sich jedesmal schwer trennt, das anmutige Städtchen in deutscher Verträumtheit zwischen Bäumen und Büschen ruhen, als läg' es irgendwo am Main oder am Neckar. Man sieht die Windau, Kurlands größten Fluß, dem Meer und der Stadt, die seinen Namen trägt, zuströmen. Und sieht ihren berühmten Wasserfall, an dem man die Fische, wenn sie zur Laichzeit heraufschwimmen und die Klippen und Stromschnellen als mutige Kreaturen im Sprung nehmen, in der Luft in Netzen auffängt. Was kein Mensch glauben mag, bis er es mit eigenen Augen vor sich schaut. Der Teufel, so geht die Volkssage, soll auf Bitten der Liven, die den Letten spinnefeind waren, diesen Wasserfall verursacht haben. Es sei seine Absicht gewesen, mit einem wüsten Steinhaufen, den er von allen Feldern Kurlands gesammelt hätte, die Windau einzudämmen. Derart, daß die ganze Stadt Goldingen und die umliegenden Siedelungen der Letten, von den Fluten des ansteigenden Flusses weggeschwemmt werden sollten. Aber der Hahn, der Tagverkünder und gute Geist der heidnischen Letten, habe in das Teufelswerk hineingekräht, und so habe Satanas nur einen Teil seiner Last in den Strom schütten können. Den Rest habe er vor Schrecken über das erneute Krähen des Hahnes am Ufer fallen lassen und sei spornstreichs mit ausgespannten Flügeln in Gestalt einer finsteren Wolke zur Hölle geflogen.

Mag sein, daß von dem Rest seiner Steine die alte deutsche Ordenskomturei aufgebaut worden ist, deren spärliche, umgrünte Trümmer jetzt von der Uferhöhe den Fischern zusehen, die ihre Netze aufstellen, als wollten sie Vögel und keine Fische fangen. Wie eine liebliche Sage selbst wirkt dies Bild der alten Stadt am Wasserfall der Windau, in der einst die Deutschritter ihren lettischen Untertanen das Christentum predigten, in der man einst auch von unsern Tagen wie von einem seltsamen Märchen sprechen wird.

LETTISCHES GESINDE

Es erinnert stark an die Bauernhöfe in Westfalen, solch ein lettisches Gesinde, das vereinzelt oder höchstens paarweise, aber fast nie mit andern zu einem Dorf zusammengeschart sich in Kurland befindet. Und auch die Menschen, die in solch einer abgeschlossenen einsamen Siedelung hausen, die scheuen, eigenbrödlerischen lettischen Bauern, ähneln durchaus den westfälischen Landleuten, mit denen man, nach einem alten Volksspruch, erst drei Scheffel Salz gegessen, also etwa drei Jahre zusammengelebt haben muß, ehe sie vertraulich mit einem werden. Jahrhundertelang haben sich die deutschen Herren des Landes, die baltischen Barone, mit der lettischen Bauernbevölkerung gut gestanden. Sie achteten die Sprache und Art der Letten, die sie allein im Glaubensbekenntnis beeinflußt haben, indem sie die Letten für die reformierte Kirche überzeugten, wie ihre Vorfahren, die mit den Deutschrittern ins Land gekommenen adligen Herren das Volk einst zum Christentum bekehrt hatten. Im übrigen haben sie die Eigenart der Letten stets geschont und anerkannt, wie denn auch ein Deutscher es gewesen ist, der Pastor Bielenstein, der durch seine gründliche Grammatik und die tiefgehende Behandlung ihrer Sprache den Grundstein für ihre ganze neuere Literatur gelegt hat, die freilich meist aus Uebersetzungen besteht. Wofür die lettischen Empörer dann zum Dank in den Revolutionsjahren das Haus dieses wackeren geistlichen Gelehrten, der für ihre Sprache mehr geleistet hat als die ganze académie française für die französische, nebst seiner für sie unschätzbaren Bibliothek eingeäschert haben. Jedenfalls kann kein Volksstamm sich weniger über eine gewaltsame Germanisierung beklagen als die Letten. Und aus diesem Grund schon wäre für eine etwaige gemeinsame Zukunft Deutschlands und Kurlands, das die Balten gern mit Stolz früher als die einzige wahre deutsche Kolonie bezeichneten, Gutes aus einem neuen Bund zwischen Balten und Letten zu erhoffen. Möchte dann, wenn die Russen nicht mehr nach dem verruchten römischen Staatsraisonnement: Divide et impera! die beiden Volksarten gegeneinander hetzen, die alte Eintracht zwischen ihnen wiederkehren!

HEIMATSURLAUB

Gute Nacht, Kamerad! Schlaf Dich aus! Wir wecken Dich, wenn Du daheim bist. Das heißt, das ist wohl nicht nötig. Denn dann wirst Du von selbst erwachen wie wir alle, wenn wir uns unserer Scholle nähern. Wir haben alle einen schweren, aber auch einen großen Traum geträumt. Wir haben die deutsche Flagge auf den Türmen und Bergen der Fremde flattern und bis zur Beresina und zur Düna uns vorantragen sehen. Wir haben die Zwiebelkuppeln der russischen Kirchen geschaut, die golden wie die Sonne oder blau wie der Himmel, meist sieben an der Zahl gleich den alten Planeten, über schmutzige verkommene Städte ragten. Wir haben in verrußten Holzhütten geschlafen und in Flüssen gebadet, deren Namen wir nicht kannten oder nicht aussprechen konnten. Wir sind durch verbrannte Dörfer gewandert und an zerschossenen Kapellen und verwüsteten Friedhöfen vorüber, und die Gräber unserer Kameraden sind wie weiße Meilensteine mit uns gezogen. Wir haben tausende fremde Gesichter gesehen und so viele gefangene Menschen, daß wir Sehnsucht nach Freiheit und Ferien bekommen haben. Wir haben andere Sprachen vernommen und ferne Laute und Lieder, als wären wir außerhalb der Erde gewesen. Wir haben Dinge erlebt, von denen wir nie sprechen, von denen wir höchstens nur träumen werden. Und auch dann werden wir die, die uns nahe sind, bitten, uns aufzuwecken.

Gute Nacht, Kamerad! Schlummernd wie Odysseus trägt man Dich in Dein Heimatland. Und beim Gesang der Engel sollst Du wach werden, wenn sie wie in jener Nacht, da sie den Erlöser geboren glaubten, ihr höchstes Lied anstimmen: „Friede auf Erden und den Menschen ein Wohlgefallen!“